未来已来

——我国低空经济的机遇与挑战

任 和 编著

科学出版社

北京

内容简介

在2023年的中央经济工作会议上,低空经济作为新质生产力的典型代表被写入国务院政府工作报告,其特点是产业链条长、服务领域广、带动作用强,已成为国家促进消费、带动投资、推动转型的新兴战略行业。

本书是一部综合讲述低空经济的著作:以概论的方式描述低空经济的由来和发展历史;介绍全球范围低空经济的状况;分析低空产业链上下游的商业机会与应用场景;论述低空航空器的研发与适航取证过程;讲述我国最新的空域划分规定,以及低空运营、监控、航路规划方法和平台;同时介绍了低空航空器的研发与应用案例。

本书可作为低空经济从业人员、政府管理人员和民航管理人员的参考书。

图书在版编目(CIP)数据

未来已来:我国低空经济的机遇与挑战/任和编著.
北京:科学出版社,2024.11. -- ISBN 978-7-03-079647-9

Ⅰ.F562

中国国家版本馆CIP数据核字第2024HB6963号

责任编辑:潘志坚　徐杨峰　赵朋媛/责任校对:谭宏宇
责任印制:黄晓鸣/封面设计:殷　靓

科学出版社　出版
北京东黄城根北街16号
邮政编码:100717
http://www.sciencep.com

南京展望文化发展有限公司排版
广东虎彩云印刷有限公司印刷
科学出版社发行　各地新华书店经销

*

2024年11月第　一　版　开本:B5(720×1000)
2025年 4 月第二次印刷　印张:13 3/4
字数:223 000
定价:80.00元
(如有印装质量问题,我社负责调换)

序 一

在2023年的中央经济工作会议上,低空经济被列为战略性新兴产业后,各地政府相继出台政策,积极部署相关工作,全国各地呈现出一派欣欣向荣的景象。

为普及低空经济的相关知识,中国航空学会特邀请一些专家开展低空经济为主题的系列书的撰写工作,本书就是其中一个部分。

低空经济就是以有人驾驶和无人驾驶航空器的各类低空飞行活动为牵引,辐射带动相关领域融合发展的综合性经济形态,具有产业链条长、服务领域广、带动作用强等特点。随着科技革命和产业变革的进行,航空业与数智、绿色等新技术深度融合,催生了低空经济,成为新质生产力的典型代表。

低空经济是市场需求的必然产物。现代社会对于高效、便捷的空中交通需求日益增长,尤其是在城市拥堵和偏远地区交通不便的情况下,低空飞行工具提供了新的解决方案。此外,低空飞行在农业、林业、渔业、建筑业等领域的作业飞行及医疗救援、抢险救灾等方面也显示出其独特的优势。

需要说明的是,低空经济不局限于航空器的研发制造和使用,它还包括与低空飞行相关的上下游产业链,如物流、机场建设、飞行保障服务等,形成了一个多产业融合的新经济形态。低空经济代表了一种新的生产力和生产方式,对于促进经济发展和社会进步将发挥重要作用。低空经济的主要载体是通航飞行器,它是国家构建立体交通体系的重要补充。

> 本书作者是中国商用飞机有限责任公司(简称中国商飞)引进的海外技术专家,拥有 30 多年的国内外航空专业工作经验。本书系统地介绍了全球低空经济发展态势、相关政策法规、相关技术和应用场景,以及面临的问题,是一部全方位了解低空经济的科普性教科书,推荐大家一读。

中国航空学会理事长

中国航空工业集团有限公司原董事长、党组书记

2024 年 7 月

序 二

应本书作者的邀请,很高兴为本书作序。

我是一位从事飞行和民航管理40多年的老兵。2023年,党中央、国务院把低空经济列为战略性新兴产业写入政府工作报告,大家期盼已久的通用航空产业大发展的春天来到了,我感到非常振奋。

低空经济指低空运行的航空器及相关经济活动,是一种综合性的经济形态,其核心在于利用各种有人驾驶和无人驾驶航空器开展低空飞行活动。随着航空科技的进步,特别是无人驾驶飞行技术的发展,使得低空空域的开发和利用成为可能。这些技术包括电动垂直起降飞行器和无人机等,它们在不同场景下的应用推动了相关产业的融合与发展。

事实上,低空经济不局限于航空器的制造和使用,它还包括与低空飞行相关的上下游产业链,如机场建设、飞行保障服务等,形成了一个多产业融合的新经济形态。低空空域作为一种资源,其开发利用可以优化资源配置,提高空域使用效率,促进经济发展和社会进步。低空经济的出现是对传统航空经济模式的重要补充和提升。低空经济是航空业与数智、绿色等新技术深度融合的战略性新兴产业,是新质生产力的典型代表。

低空经济也是市场需求的必然产物。现代社会对于高效、便捷的空中交通需求日益增长,尤其是在城市交通拥堵及偏远地区交通不便的情况下,低空飞行工具提供了新的解决方案。过去几年,我国提出了"低空经济"的概念,美国提出了"先进空中交通"(advanced air mobility, AAM),欧洲提出了"创新型空中交通"(innovative air traffic, IAT),尽管称谓不同，但本质上追求的都是航空器的绿色化、飞行的自动化和场景应用的普及化，归根结底，其内核是相同的。低空经济的本质是先进生产力，特点就是技术革命性突破、生产要素创新性配置、产业深度转型升级、全要素生产率大幅提升。

本书作者是国家引进的高层次海外专家，有30多年的国内外航空工程经验，出版著作较多，造诣较深。本书是一本概论性著作，可作为快速、全面了解低空经济的参考资料，推荐大家一读。

中国民用航空华东地区管理局原局长

2024 年 7 月

前　言

为响应党中央、国务院的号召，以科技创新引领现代化产业体系建设，以颠覆性技术和前沿技术催生新产业、新模式、新动能，发展新质生产力，中国航空学会、上海通用航空产业协会等机构积极组织专家，开展低空经济研究和科普活动，帮助地方政府和企业制定相关规划、技术标准和规范，为低空经济产业发展发挥自己的独特作用。

应中国航空学会的邀请，作者参与低空经济主题系列书的撰写工作（本书是其中一册）。在撰写过程中，得到了中国商飞董事长贺东风，中国航空工业集团有限公司（简称中航工业）董事长周新民，中国航空学会理事长林左鸣、秘书长姚俊成，中国民用航空华东地区管理局（简称民航华东管理局）原局长蒋怀宇、原党委书记唐伟斌，中国民用航空局航空器适航审定司副司长罗一鸣，上海通用航空协会会长陆培滨等领导和专家的指导和帮助。在此一并致谢。

本书参考或引用了他人著作（或文章）中的部分内容或信息，可能在本书中未能全部标识引用出处，存在个别疏漏，及此向原作者致歉，并表达谢意。

作者
2024 年 7 月

目　录

第 1 章　综述 ··· 1
　1.1　低空交通的几个概念 ·· 3
　1.2　对低空经济的认识过程 ·· 4
　1.3　低空空域利用的可行性 ·· 8
　1.4　低空经济的"鼓与呼" ·· 9
　1.5　解读"新质生产力" ·· 12
　1.6　低空经济的内容与模式 ·· 17
　1.7　低空经济的价值与作用 ·· 20

第 2 章　行业分析与国家政策 ·· 23
　2.1　城市化进程与绿色环保要求 ···································· 23
　2.2　我国发展低空经济存在的问题和困难 ······················ 26
　2.3　国家低空经济的支持政策 ······································· 27
　2.4　政策导向分析 ·· 29
　2.5　各地方政府低空经济发展规划概览 ························· 34
　2.6　中央企业低空经济工作部署 ··································· 42

第 3 章　低空经济产业链分析 ·· 44
　3.1　产业链上游：航空器研发制造 ································ 45
　3.2　产业链中游：地面基础设施和运营 ························· 46
　3.3　产业链下游：低空运营与维护 ································ 47

第 4 章　低空航空器产品特征与技术要求 ·························· 50
　4.1　低空航空器的适用市场 ·· 50
　4.2　eVTOL 航空器的产品特征 ····································· 50

4.3　主流 eVTOL 构型 …………………………………………… 51
　　4.4　eVTOL 构型比较分析 ………………………………………… 54
　　4.5　eVTOL 飞行器研发的关键技术 ……………………………… 58
　　4.6　eVTOL 动力系统分析 ………………………………………… 61
　　4.7　eVTOL 飞行器的运行成本分析 ……………………………… 70

第 5 章　全球低空航空器研发状况 …………………………………… 71
　　5.1　美国低空航空器的发展状况 …………………………………… 71
　　5.2　欧洲低空经济的发展状况 ……………………………………… 74
　　5.3　日韩低空经济的发展状况 ……………………………………… 76
　　5.4　中国低空航空器的研发概况 …………………………………… 77
　　5.5　中美 eVTOL 产业发展对比 …………………………………… 90
　　5.6　世界各国推出 eVTOL 商业载客项目的时间表 ……………… 92

第 6 章　案例分析：Joby S4 …………………………………………… 93
　　6.1　Joby 公司简介 …………………………………………………… 93
　　6.2　Joby S4 的技术参数 …………………………………………… 94
　　6.3　Joby S4 零部件的安全性、可靠性设计 ……………………… 98
　　6.4　Joby S4 适航取证过程 ………………………………………… 100

第 7 章　低空航空器的运营现状与展望 ……………………………… 102
　　7.1　低空载客的运营发展阶段 ……………………………………… 104
　　7.2　我国低空经济的运营状况 ……………………………………… 104
　　7.3　我国低空飞行营地建设 ………………………………………… 106
　　7.4　低空运营模式展望 ……………………………………………… 107

第 8 章　低空航空器适航要求与法规解析 …………………………… 112
　　8.1　eVTOL 适航证照（TC、PC、AC）简述 …………………… 113
　　8.2　eVTOL 航空器的适航审定基础 ……………………………… 115
　　8.3　亿航 EH216－S 无人驾驶航空器系统专用条件示例 ………… 118
　　8.4　eVTOL 试验验证方法 ………………………………………… 122
　　8.5　eVTOL 飞机安全性要求 ……………………………………… 131

目 录

- 8.6 无人机适航审定要求 ······ 133
- 8.7 《无人驾驶航空器飞行管理暂行条例》解析 ······ 135
- 8.8 《民用无人驾驶航空器运行安全管理规则》(CCAR-92)解析 ······ 136
- 8.9 《民用无人驾驶航空器系统适航安全评定指南》解析 ······ 137
- 8.10 《中型民用无人驾驶航空器系统适航要求及符合性方法》简介 ······ 138
- 8.11 适航委任代表制度及人员要求 ······ 150

第9章 空域划分与利用 ······ 153
- 9.1 中美欧空域利用比较 ······ 153
- 9.2 空域改革的进程 ······ 155
- 9.3 我国空域划分与管理 ······ 157

第10章 低空航线的规划原则和方法 ······ 162
- 10.1 低空航线的需求与现状 ······ 164
- 10.2 低空航线的划设流程与方法 ······ 165
- 10.3 低空航线的划设建议 ······ 168

第11章 低空交通管制技术 ······ 170
- 11.1 空中交通管制的发展历史 ······ 171
- 11.2 空中交通管制的分类 ······ 172
- 11.3 空中交通管制的法规 ······ 172
- 11.4 空管系统的构架和功能 ······ 173
- 11.5 无人机的管理技术 ······ 176
- 11.6 各国对无人机的管理情况 ······ 177
- 11.7 低空经济下空管系统发展的新技术 ······ 178

第12章 低空起降场建设技术要求 ······ 182
- 12.1 通用机场概况 ······ 183
- 12.2 场址选择与机场设计 ······ 184
- 12.3 通航机场空中交通管制和导航设施 ······ 185

12.4　eVTOL 航空器起降场(点)建设应考虑的因素 ……………… 185
12.5　eVTOL 航空器起降场(点)的建设要求 …………………… 186
12.6　eVTOL 航空器起降场(点)的设计标准 …………………… 190
12.7　eVTOL 航空器起降场(点)的专用设施与设备 ……………… 191

第 13 章　低空经济发展的思考和建议 …………………………… 196
13.1　加强顶层设计,统筹低空经济发展 ………………………… 196
13.2　加强低空经济基础理论研究 ………………………………… 197
13.3　数字低空创新生态体系和低空基础设施构建扶持 ………… 198
13.4　加快推进低空航线网络规划,建立安全飞行监管体系 …… 199
13.5　加快推进低空运营示范场景 ………………………………… 200
13.6　加强低空适航标准体系建设 ………………………………… 201
13.7　建立低空经济综合保障体系 ………………………………… 202
13.8　加强政策引导,建立低空经济人才高地 …………………… 202
13.9　加强军民融合,培育公众航空意识 ………………………… 203

参考文献 …………………………………………………………… 205

第1章
综述

低空经济是一种综合性的经济形态，其核心在于利用各种有人驾驶和无人驾驶航空器开展的低空飞行活动。随着航空科技的进步，特别是无人驾驶飞行技术的发展，使得对低空空域的开发和利用成为可能。这些技术包括电动垂直起降（electric vertical take-off and landing，eVTOL）飞行器、无人机等，它们在不同场景下的应用推动了相关产业的融合与发展[1]。

低空经济也是市场需求的必然产物。现代社会对于高效、便捷的空中交通需求日益增长，尤其是在城市拥堵和偏远地区交通不便的情况下，低空飞行工具提供了新的解决方案。此外，低空飞行在农业、林业、渔业、建筑业等领域的作业飞行，以及医疗救援、抢险救灾等方面也显示出其独特的优势。

低空经济不局限于航空器的制造和使用，它还包括与低空飞行相关的上下游产业链，如机场建设、飞行保障服务等，形成了一个多产业融合的新经济形态。低空空域作为一种资源，其开发利用可以优化资源配置，提高空域使用效率，促进经济发展和社会进步。低空经济的出现是对传统经济模式的一种补充和提升。低空经济代表一种新的生产力和生产方式，随着技术的不断进步和市场的深入开发，低空经济将在未来的经济社会发展中扮演越来越重要的角色。

低空经济是以有人驾驶和无人驾驶航空器的各类低空飞行活动为牵引，辐射带动相关领域融合发展的综合性经济形态。全球低空经济的发展受到技术进步和政策支持的推动，正在形成新兴航空产业大市场。

在美国，通用航空服务涵盖了公务飞行、个人飞行、教学飞行等多个方面，而城市空中交通的建设也在积极推进中。美国国家航空航天局（National

Aeronautics and Space Administration，NASA)通过其下设的任务理事会,承担了先进城市空中交通体系的主要研究任务。东亚地区,尤其是中国、日本和韩国,也在无人机制造方面占据了重要地位。这些国家不仅在制造上有所贡献,而且在研发创新能力上也处于世界领先地位。西欧,包括德国、英国、法国和意大利,同样在无人机制造市场中占有一席之地。这些国家的技术和市场发展同样不容忽视。此外,无人机和电动垂直起降(eVTOL)飞行器的发展迅速,预示着低空载人空中出行在未来几年内有望实现商业运行。全球低空经济呈现多元化发展的态势,不同国家和地区在探索和发展这一新兴经济形态方面各有侧重。随着技术的不断进步和市场的逐渐成熟,低空经济预计将在全球范围内展现出巨大的潜力和影响力。

我国低空经济的发展可以划分为几个重要的时间阶段。

2010年8月,国务院、中央军事委员会(简称中央军委)下发《关于深化我国低空空域管理改革的意见》,正式开启我国低空空域管理改革。

2016年5月,国务院办公厅印发《关于促进通用航空业发展的指导意见》。

2021年12月,中共中央、国务院印发《国家综合立体交通网规划纲要》,低空经济作为一个新兴概念开始受到关注,这一年"低空经济"首次被写入国家规划。

2022年5月,交通运输部发布《正常类飞机适航规定》(新版CCAR-23),专门增加了"H章　电动飞机动力装置补充要求"。

2023年7月,商务部、海关总署、国家国防科技工业局(简称国家国防科工局)、中央军委装备发展部发布关于对部分无人机实施出口管制的公告。分别对部分无人机专用发动机、重要载荷、无线电通信设备和民用反无人机系统等实施出口管制,对部分消费级无人机实施为期2年的临时出口管制,并禁止其他未列入管制的所有民用无人机出口用于军事目的。

2023年10月,工业和信息化部、科学技术部(简称科技部)、财政部、中国民用航空局(简称中国民航局)四部委联合印发了《绿色航空制造业发展纲要(2023—2035)》。

2023年12月,工业和信息化部印发《民用无人驾驶航空器生产管理若干规定》,主要内容包括适用范围、生产管理制度、监督管理制度,自2024年1月1日起施行。其中,明确生产、组装、拼装在中华人民共和国境内销售、使用的民用无人驾驶航空器应当遵守本规定;规定民用无人驾驶航空器生产者应当为其生产的民用无人驾驶航空器设置唯一产品识别码。

2023年12月,在中央经济工作会议上将低空经济提升至战略性新兴产业的高度,这标志着低空经济被视为国家发展的重要组成部分。

2024年1月,《无人驾驶航空器飞行管理暂行条例》正式施行,这为我国无人机产业的规范化发展奠定了基础,也预示着低空经济的发展进入一个新时代。

2024年3月27日,工业和信息化部、科技部、财政部、中国民航局四部门联合印发《通用航空装备创新应用实施方案(2024—2030年)》。

以上展示了低空经济从概念提出到政策支持、法规建设,再到市场应用的全过程。随着技术的进步和市场的成熟,低空经济将继续保持稳定增长。

1.1 低空交通的几个概念

低空经济利用电动飞行器和一系列创新技术,为大众提供高效、安全可靠、低噪声、和可持续发展的出行方式。目前,几种典型的低空交通方式如下。

先进空中交通(advanced air mobility,AAM):先进空中交通是一种利用创新飞行器设计和飞行技术更有效地运送人员和货物及提供飞行服务的新型交通概念,它将引领航空业的变革。电动推进、电池储能、先进制造等技术的进步,使得飞机能够执行崭新的任务,这将对民众、地区和经济发展产生变革性影响。

城市空中交通(urban air mobility,UAM):城市空中交通是最吸引人的AAM应用案例,旨在利用空中资源和电动飞行器,为人们带来空中出行的便利,提高城际或城内出行的时效。一般城市空中交通航程都定位在15~200千米,可以和现有的地面交通形成互补,为人们提供一种快捷的出行选择。

电动垂直起降(eVTOL)飞行器:利用分布式电推进(distributed electric propulsion,DEP)技术,使飞行器可以像直升机一样垂直起降,同时也具备固定翼飞行器的巡航优势,比较通俗的理解就是电动直升机,实际上也就是小型飞机的电动化升级变革。为了快速实现商业化落地,电动垂直起降飞行器都尽可能遵守现有民航法规,按有人驾驶设计,不改变现在的运营监管法规。

未来城市空中交通

无人机(unmanned aerial vehicle,UAV):利用无线电遥控设备和自动程序控制装置操纵的非载人飞机,按照大小,无人机分为微型、轻型、小型、中型、大型五个等级。无人机一般用于娱乐、测绘、巡检、植保、末端物流、安防等应用,而非载人应用。这是因为自动驾驶系统的安全性未达到理想可靠裕度,而且融合有人驾驶和无人机驾驶的空域管理也还需继续完善。此外,也有载人无人机,即飞行器上没有飞行员(驾驶安全员)作为物理监管员。目前,受法规及技术成熟度的影响,自动驾驶被限定在特定场景,后续需要较长的时间去证明其安全可靠性。

飞行汽车(flying car):飞行汽车已经有多年历史,指既能在地面行驶又能在空中飞行的陆空两用交通工具。飞行汽车目前无法快速发展,因为飞行汽车需要同时符合民航法规和陆路交通法规,两者的设计需求都不容易满足。按照目前的技术基础,飞行汽车还需要较长的时间来实现。

1.2 对低空经济的认识过程

2010年,国内学界讨论提出低空经济一词,此后主要见诸学术论文、政策文件、研究报告和新闻报道中[2]。在不同语境下,"低空经济"指代的侧重点存在差异。第一种观点从空域的资源属性入手,认为低空空域作为一种自然资源,经过开发利用可以产生巨大经济效益,借鉴陆地经济、海洋经济等概念提出了低空经济,并认为不同于土地、海洋等资源的有限性和稀缺性,空域可以反复使用而不会耗尽,因此蕴含着更大的开发潜力和价值。这类观点的持有者主要是科研机构学者,尽管抓住了低空空域作为资源经过开发可以产生价值这一本质,但由于未能阐明谁来开发、如何开发、开发出的价值怎样循环等现实性问题,资源观主要活跃于早期的理论探讨[3]。

第二种观点从低空飞行看问题。但价值主要集中在航空产业,特别是围绕整机制造关联带动上下游数十个产业门类形成的价值链。波音、空客的大飞机产业聚集及美国威奇托通用航空工业体系是这种观点常用的例证。受此影响,"十二五"时期,通用航空领域最先活跃起来的就是飞机制造行业。2016年,国务院办公厅发布的《国务院办公厅关于促进通用航空业发展的指导意见》开篇也提出了通用航空业的概念。直到2021年,中共中央、国务院发布《国家综合立体交通网规划纲要》,在"推进交通与装备制造等相关产业融合发展"章节中首次提出了"低空经济"。可以说,产业观带有浓厚的工业经济时代烙印,从一个方面解释了低空经济的价值创造规律。出于多种原因,我国通用航空制造业的规模始终不大,随着"十三五"后期通航制造热度不再,这种观点也日渐式微。

第三种观点强调将低空经济看作一个完整的有机生态体系。驱动这种观点产生的客观经验,一是国内组装生产的通用航空器销售不理想,业界转而从缺机场、少文化、没场景及空域管理等方面找原因,客观上引发了对航空体系的思考;二是随着数字智慧、绿色能源等科技革命成果与航空业的深度融合,无人驾驶航空器、eVTOL航空器开始大量涌现并在部分行业普及应用,新型航空器的飞行主观上要求运行生态的数字、绿色、物联深度转型升级。在2023年底的中央经济工作会议上,在提出打造低空经济战略性新兴产业时,着重强调了"以科技创新引领现代化产业体系建设,以颠覆性技术和前沿技术催生新产业、新模式、新动能,发展新质生产力"。可见,十余年对低空经济从现象到本质、从特殊到一般、从部分到整体的认识过程,符合认识世界的基本规律。梳理这一过程,是科学定义低空经济的工作基础。

低空经济指的是低空运行的航空器和经济活动。按照用途,民用航空活动可细分为运输航空与通用航空。按照《中华人民共和国民用航空法》(2017年11月第四次修正),通用航空是指:使用民用航空器从事公共航空

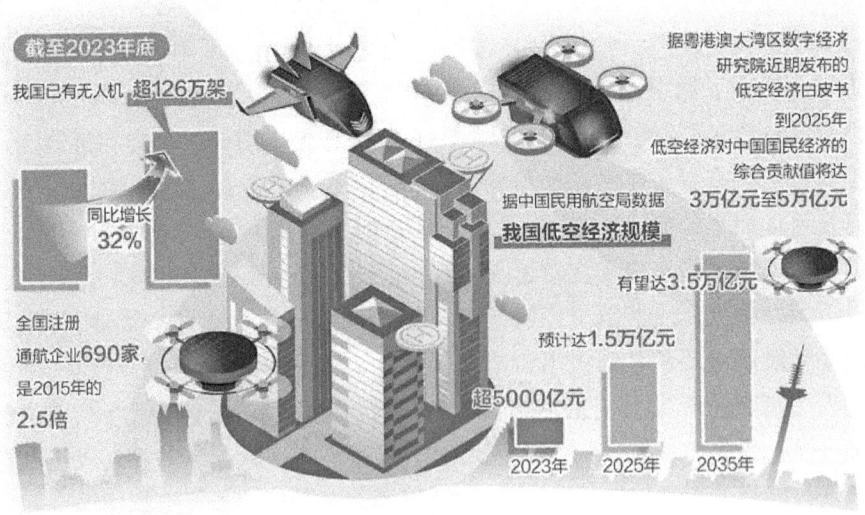

低空经济示意图

(资料来源:经济日报)

运输以外的民用航空活动,包括从事工业、农业、林业、渔业和建筑业的作业飞行以及医疗卫生、抢险救灾、气象探测、海洋监测、科学实验、教育训练、文化体育等方面的飞行活动,这些飞行活动所使用的航空器即通用航空器。用于非民用用途的航空器,即国家航空器。国家航空器的概念最早出现于1919年的《保护工业版权巴黎公约》(简称《巴黎公约》)中的第30条规定:下列为国家航空器:(a)军用航空器;(b)专为国家目的服务的航空器,如邮政、海关、警用航空器。《巴黎公约》第31条还进一步解释了军用航空器的定义:具体来讲,每架由服役人员指挥的航空器,均应视为军用航空器。1944年发布的《国际民用航空公约》(通称《芝加哥公约》)中的第3条进一步规定:(b)用于军事、海关和警察的航空器,应视为国家航空器。而有人驾驶和无人驾驶指的是航空器的驾驶方式,是有别于国家航空器、民用航空器的另一种分类纬度。无人驾驶航空器,也就是通常所称的无人机,按照国务院、中央军委发布的《无人驾驶航空器飞行管理暂行条例》,无人驾驶航空器是指"没有机载驾驶员、自备动力系统的航空器"。国际民航组织发布的《遥控驾驶航空器系统(RPAS)手册》(Doc10019)中提出,无人驾驶航空器系统指无人驾驶航空器及与其有关的遥控台(站)、控制链路等组成的完整系统,强调运行过程中驾驶员不在航空器上。目前,业界所称的低空经济:

按航空活动分类,既包括使用民用航空器开展的各类通用航空活动,也包括使用国家航空器开展的警察、海关、应急等活动,但不包括军用航空;按驾驶方式,既包括有人驾驶航空器,也包括无人驾驶航空器。

低空经济是一种特定经济形态。马克思主义政治经济学认为经济是一个社会的生产、交换、分配和消费的过程,即社会再生产过程。航空经济的业态《国民经济行业分类》(GB/T 4754—2017)中,"航空"分别出现在"第37大类"(铁路、船舶、航空航天和其他运输设备制造业)、"第43大类"(金属制品、机械和设备修理业)和"第56大类"(航空运输业)中。根据《战略性新兴产业分类(2018)》,"航空"出现在"2.2航空装备产业"和"9.2其他相关服务"中,同时与《国民经济行业分类》中的航空制造、航空运输业、航空器维修进行对照。可见,航空产业是第二、三产业的混合态,包含航空制造、航空运输、服务保障和相关服务。

我国提出"低空经济",美国提出"先进空中交通"(AAM),欧洲提出"创新型空中交通"(IAT),尽管称谓不同,但本质上追求的都是航空器的绿色化、飞行的自动化和场景应用的普及化,归根结底,其内核是相同的。低空经济是指使用各类有人驾驶和无人驾驶航空器在低空空域中开展通用、警务、应急等航空飞行活动,辐射带动相关领域融合并实现价值的综合性经济形态,包括低空制造、低空飞行、服务保障、基础设施等重点业态。低空经济是新质生产力,由技术革命性突破、生产要素创新性配置、产业深度转型升级而催生,以劳动者、劳动资料、劳动对象及其优化组合的跃升为基本内涵,以全要素生产率大幅提升为核心标志,特点是创新,关键在质优,本质是先进生产力。低空经济上承人类航空百年发展,下融新一轮科技革命和产业变革成果,本质是航空业与数智、绿色等新技术深度融合的战略性新兴产业,是新质生产力的典型代表。

以航空农业植保为例:"十二五"时期,我国航空植保耕地面积覆盖率长期稳定在3%左右,主要使用运-5、R44等有人驾驶机型,年飞行量约3万小时、直接产值约3亿元、综合经济规模约10亿元(含购机、维修、保险等)。作为当时全球通用航空标杆的美国,全国航空植保覆盖率约40%。"十三五"以来,无人驾驶航空器逐渐成为农业植保作业的主力。据国家互联网信息办公室(简称国家网信办)发布的《中国数字乡村发展报告(2022年)》,2021年无人机植保作业10.7亿亩次,相当于全国耕地总面积的55.79%,从十亿到千亿,飞行作业成为一种经济形态。其形成过程是从3%到55%甚至

90%的普及应用,普及大市场带来生产专业化分工,各环节持续交易实现的价值创造和循环,构成了社会再生产过程,经济由此形成。其中,无人驾驶航空器作为新劳动资料是直接原因。植保无人驾驶航空器结构简单,单机价格为3万~5万元;由于是自动飞行,飞手一般仅需要进行一个月以内的培训(1万~2万元费用)即可上岗;作业多在农田上方适飞空域,无须取得经营许可证,也无须向空中交通管理机构提出飞行活动申请;植保机尺寸较小,各地间的转场作业可用汽车装载通勤。同时,植保作业更加灵活便捷,百亩就可出动一次,更适合零散小地块。特别的,无人驾驶航空器基于搭载载荷,通过巡查可以定位病虫害的类型和位置,通过精准作业也能降低30%以上的农药用量。可见,无人驾驶航空器植保作业的普及过程,是由航空技术革命性突破引领生产要素的创新性配置,实现农业生产的深度转型升级,飞手、植保机和数据三大新型生产力要素优化组合跃升,带来植保领域全要素生产率的大幅提高,这显然与前述新质生产力的特征一一呼应。

因此,培育低空经济新质生产力,一方面,要通过加快落实国家空域管理新政来持续优化低空运行环境,探索建立与低空经济大规模、多类型航空器、广域运行特点相适应的安全管理新理念、新模式、新工具;另一方面,要面向场景、分级分类推动低空经济在各个行业广泛应用,推动低空应用融入居民生活、融入城市发展、融入综合立体交通、融入国家空域体系。

1.3 低空空域利用的可行性

文献资料显示,我国全空域飞行密度约为1.39飞行小时/平方千米,约为美国的30.2%,欧洲的48.4%。我国军民航飞行总量不到美国的1/3和欧洲的1/2,我国空域的整体利用率较低。我国总体空域利用率还有3倍以上的增长空间[4]。

我国通用航空飞行密度为0.098小时/平方千米,美国和欧盟分别为2.55小时/平方千米和1.39小时/平方千米。我国低空空域利用率约为美国的3.8%(1/26),约为欧洲的7.1%(1/14)。由于非空气密闭舱设计,多数通用航空器一般使用3 000米以下空域,主要在1 000米以下的高度飞行,形成通用航空与军民航飞行在空域使用上的自然分流。无论从哪个角度来评价,我国低空空域利用率均处于非常低的状态。我国国土面积占全球陆地的6.4%,2018年,我国通用航空飞行(93.71万小时)仅占全球的2.3%,我国低空空域利用率仅为全球各国陆地领空平均飞行密度的33%,即我国低空空域利用率约为全球平均水平的三分之一。而在同样面积的空域上,2018年,我国运输航空公司承担了全球14.3%的航班,运送了全球14.2%的旅客,已经接近于2018年我国在全球16.0%的国内生产总值(gross domestic product,GDP)份额[5]。我国通用航空应为目前飞行量的7倍,低空空域利用率还可以提高600%。因此,我国低空经济领域的发展瓶颈是空域管理。

未来立体交通示意图

1.4 低空经济的"鼓与呼"

在2021~2023年的"两会"上,我国一大批院士专家、人大代表和政协委员对低空经济有过多次呼吁和提案[6],举例如下。

中国工程院院士、北京理工大学教授项昌乐从国家空域资源安全角度,对低空经济的发展提出了一些建议:他呼吁需要对低空空域进行分类划设,以保障国家安全和行业发展的需要。他强调了建设基于"四网"的低空智慧立体交通系统的重要性。这一系统包括行业5G/6G新型通信网、低轨星网、"北斗"增强地基网及"通导遥一体化空域监管网"。通过"四网"的深度融合,可以实现低空飞行的高效、智能和安全。此外,他还提出了构建数字孪生平台的建议。通过数字孪生技术,可以构建一个虚拟的低空数字世界,用于模拟和预测真实世界中的飞行情况。这有助于提高低空飞行的安全性和效率,同时也为相关研究和创新提供了一个实验平台。

全国人大代表、中国工程院院士高文(鹏城实验室主任)建议:在深圳探索设立低空经济示范区。加快促进低空经济发展的立法工作,进一步优化低空运行和保障,服务强化城市低空安全手段建设,低空数字化基础建设。他建议推动协调深圳开展融合空域管理试点,构建高密度、高频次、高复杂性特征的大规模低空融合飞行的业态,建立城市低空动态管理的体系能力,挖掘深圳城市低空空域资源,形成管理规范。

全国人大代表黄立(高德红外董事长)建议:加快无人机立法进程,进一步优化低空空域的审批流程,充分释放轻小型无人机的消费潜力。充分满足社会治安、智慧城市等多方面的需求,加快完善轻小型无人机低空空域适用的法律法规体系建设。明确小型无人机低空空域使用管理主体责任,扩大轻小型无人机飞行管理试点范围。

全国人大代表、中国工程院院士樊会涛(龙门实验室主任)建议:加强对通航产业发展政策的倾斜和投入,从国家层面统筹无人系统顶层规划,制定中长期发展路线图,制定产业扶持政策,开展标准体系、检测认证体系、数据体系、运行管控体系等基础条件建设,构建统一的无人系统市场准入和应用平台。选取重点城市开放无人系统运行场景,在工业生产、物流配送、应急救援等行业开展先行先试,探索无人系统(无人机、无人船、无人车)之间互联互通、场景融合运行和基础设施改造打造一批市场化的产业应用示范工程。统筹和组织中央企业、大型国有企业和地方政府力量,建设国家级的新型科技创新平台和公共服务平台。

全国人大代表单晓明(中国航发湖南动力机械研究所专职总师)建议:加强航空应急救援体系建设,加强顶层设计,建立中央垂直管理的专业化航空应急救援队伍,包括国家队,省、市(州)政府队和政企合作组队等,布局"航空应急救援力量张网"。整合航空应急救援力量与国家综合消防救援队伍,推广"飞机专业队伍"的作战模式,推动"地空防灭"一体化运作。强化国家出台的优惠政策,支持企业优先研发森林灭火装备、火情定位追踪系统、卫星图传系统等实用性强、投产效果明显的装备产品。向通用航空运营企业购买应急救援服务,充分发挥"大飞机力量大、小飞机精准灵活"的各自优势,让"大小飞机合下一盘棋"。

全国人大代表郭泽义(中航光电科技股份有限公司董事长),全国政协委员、中国工程院院士唐长红等联合建议:优化市场准入机制,加快无人系统产业发展充分发挥新型举国体制优势,加快构建全空间无人体系,建立健全相关政策法规、准入标准和应用平台,优化无人系统市场准入机制,选取具备条件的省市或行业开展应用场景先行先试,落实扩大内需战略,推动高质量发展。

上海市代表团建议:从法律规制、产业规划、技术标准、监管机制社会共治等多方面加强无人机行业领域监管建议尽快出台《无人驾驶航空器飞行管理暂行条例》,建立无人机综合监管机制,为无人机监管提供法律遵循,鼓励地方因地制宜制定地方性法规和政府规章。在国家层面制定促进无人机制造行业发展的指导意见,加快推进《无人机系统分类及分级》相关标准制定,尽快构建以国家标准、行业标准为主体的民用无人机标准体系。打破行政部门和厂商壁垒,建立无人机综合监管平台,一体化满足空域划设、飞行审批、航机监控、违规取证、信息发布等管理和用户服务功能,通过数字化手段简化飞行计划审批流程,实现军队、民航、公安共享管理数据。

全国政协委员、中国航空研究院副院长吴希明建议:设立国家重大专项,推动我国通航产业高质量发展,加快推进全域低空空域改革步伐,通过通航产业重大专项牵引,进一步优化"军、地、航"跨部门协调机制,推动飞行计划审批制向负面清单制的转变,同时通过通航产业重大专项牵引,引导国家和地方加大投入力度,显著增加尤其是西部地区通用机场数量,实现通用机场全国网络化布局。建议加大对国产自主通用航空器研制应用的政策扶持力度,分阶段完成新能源航空器的研制,建议各级人民政府应急管理部、公安部、自然资源部、农业农村部等部门优先采购国产航空器或国产航空器提供的通航服务,推动国产航空器的市场应用。

全国政协委员、四川省政协副主席谢商华建议:国家从战略备份的角度,大力发展军民用航空制造业,打造川渝航空装备制造业产业集群。支持四川构建具有核心竞争力的川渝航空装备制造业产业集群发展生态,实现产业集群发展,支持在川布局建设航空产业国家产业创新中心。聚焦航空产业创新高地——无人机产业领域,率先组建国家无人机产业创新中心,抢占全球无人机市场先机。依托川渝地区的试验验证条件,建立飞机及发动机产业备份基地。加大对布局在川的航空动力领域实验室的支持和指导力度。在大科学装置、基础性研究设施设备前沿动力试验装置等条件建设方面给予大力支持,打造全球航空领域新技术研发及装备重要生产基地。适当放宽通用飞机融资租赁机构准入条件。支持通用飞机融资租赁业务开展,促进通航产业加快发展。

1.5 解读"新质生产力"

2024年以来,低空经济的快速发展是在习近平总书记提出的"新质生产力"理论的指引下取得的。"新质生产力"理论为低空经济的发展指明了方向,开辟了道路,开拓了空间,是低空经济发展的根本遵循。2023年7月以来,习近平总书记在四川、黑龙江等地考察调研时,提出"新质生产力"概念,并在多个场合对这一概念进行阐发。2024年1月31日,在主持召开二十届中央政治局第十一次集体学习时,对"新质生产力"的内涵进行了全面的阐释,指出"新质生产力"是创新起主导作用,摆脱传统经济增长方式、生产力发展路径,具有高科技、高效能、高质量特征,符合新发展理念的先进生产力质态。"新质生产力"由技术革命性突破、生产要素创新性配置、产业深度转型升级而催生,以劳动者、劳动资料、劳动对象及其优化组合的跃升为基本内涵,以全要素生产率大幅提升为核心标志,特点是创新,关键在质优,本质是先进生产力。

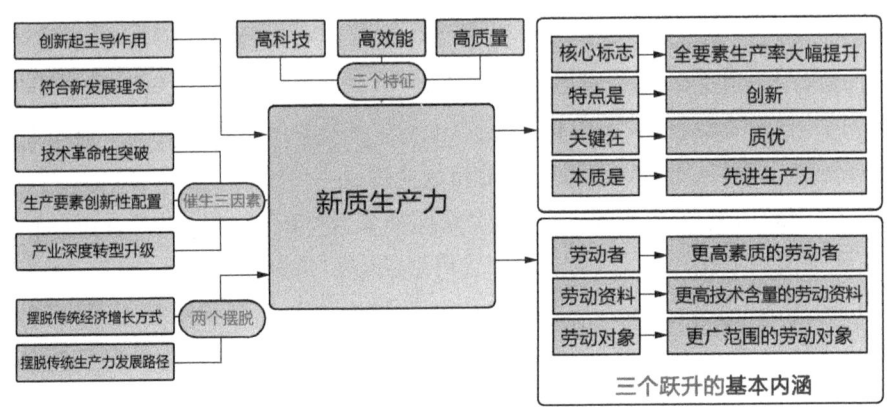

新质生产力诠释图

"新质生产力"的内涵可从如下方面进行理解[7]。

一是在结果意义上,"新质生产力"是指在传统生产力之外,出现了与城乡居民需求变动相匹配的产品生产能力,这种能力是因满足人们的新型需求而诱发的。当前,我国城乡居民的恩格尔系数均在30%左右,这说明居民消费结构已从生产型资料主导转变为发展型、享受型资料主导。城乡居民对物质产品之外的产品有需求,例如信息化产品、绿色生态产品等的需求在不断增加,这些新需求的满足正成为生产力中"能力"的重要判断依据。

二是在要素意义上,生产力的形成依赖生产要素的供给状况,生产要素通常是指劳动、土地、资本等有形要素,"新质生产力"是指在已有要素之外出现了新类型要素,要素的范围和种类得以扩展,且要素供给的侧重点从数量逐步转向质量。

三是在要素组合意义上,生产力与生产要素的组合方式紧密相关。"新质生产力"是指在给定要素供给的基础上,依靠要素组织、技术等变革来提高要素组合效率,并以此形成产品或服务的产出增量。技术进步会导致劳动、土地、资本等重新组合并产生"1+1>2"的效应。

四是在产业形态意义上,企业在要素组合和产品供给方面的变化,必然会引致产业形态发生相应转变。"新质生产力"是指企业因采用新要素组合方式提供新产品,以更好地满足社会成员需求,从而在"企业集合"意义上形成新业态和新结构。"新质生产力"意味着在现有产业基础上出现了新产业类型,且产业间的比例关系等在持续发生变化。

五是在保障意义上,生产力发展以相应的生产关系作为保障因素或驱动力量,"新质生产力"内在地要求与生产结果、过程变动相契合的生产关系因素。"有效市场、有为政府"对科技创新及由此引发的"新质生产力"形成至关重要。

在过去的40多年里,通过改革开放,使我国从封闭半封闭状态走向全方位开放,与世界经济的联系日益紧密,促进了国内经济的全面发展。城乡居民生活状况得到极大改善,从贫困逐步向全面小康社会迈进,人民的物质和文化生活水平显著提高。经济结构不断优化升级,传统产业得到改造提升,新兴产业快速发展,形成了更加多元化的产业体系。我国的制造大国地位日益巩固,贸易大国地位不断提升,经济实力显著增强。我国的国际地位显著提升,从一个较为落后的国家发展成为具有重要影响力的世界大国。

1978年,我国的国内生产总值仅为3 679亿元人民币,而到了2023年,这一数字已经达到了 126 万亿元人民币,使我国成为世界第二大经济体。我国在世界经济中的地位也发生了历史性的跨越。

随着经济规模的扩大,我国还成功从一个低收入国家迈入了中等偏上收入国家的行列。这一转变不仅体现在经济数据上,也反映在国民生活水平的显著提高和综合国力及国际影响力的增强上。

国际上,有很多国家的国民收入达到一定程度以后,就会陷入中等收入国家陷阱。由于未能及时转变发展模式和进行产业升级,经济增长停滞不前,创新能力不足、竞争力下降的循环中,难以实现经济的质的飞跃,无法迈入高收入国家的行列。

目前,我国经济发展确实存在许多挑战和瓶颈,举例如下。

(1)随着经济的快速发展,资源消耗加剧,环境污染问题日益严重。这导致经济增长的可持续性受到威胁。

(2)部分行业存在严重的产能过剩问题,而一些新兴产业和技术产业尚未完全成熟,导致产业结构失衡。

(3)近年来,尽管我国的创新能力有所提升,但与发达国家相比仍有一定差距,特别是在核心技术和关键领域。

(4)我国的人口老龄化问题逐渐凸显,这将对劳动力市场、社会保障体系等造成压力。

(5)东西部及城乡之间的发展差距仍然存在,这可能导致社会不稳定和资源配置效率低下。

(6)在全球化背景下,贸易保护主义抬头,国际贸易摩擦加剧,这对我国这样的大国经济来说是一个挑战。

(7)金融市场的波动和风险可能对经济的稳定增长构成威胁。

然而,中国政府已经认识到这些问题,并采取了一系列措施来应对。例如,推动绿色发展、加强环境保护、深化供给侧结构性改革、提升科技创新能力、优化宏观经济管理、加大基础设施投资、完善社会保障体系等。这些努力有助于逐步解决经济发展中的瓶颈问题,推动经济持续健康发展,促进经济的多元化发展,提高国家的竞争力,实现从中等收入向高收入经济体的转变,避免陷入中等收入陷阱。

低空经济被视为"新质生产力",主要有以下几个原因。

(1)技术创新:低空经济的发展离不开无人机技术、通用航空技术的创新和应用,这些新技术的出现推动了生产力的提升。

(2) 产业融合：低空经济涉及航空、旅游、物流等多个产业的融合,这种跨领域的融合能够产生新的经济增长点。

(3) 市场潜力：随着社会经济的发展和人们生活水平的提高,对于低空经济的需求也在不断增长,市场潜力巨大。

(4) 政策支持：许多国家和地区都出台了相关政策,鼓励和支持低空经济的发展,这为其提供了良好的发展环境。

(5) 创造就业：低空经济的发展可以带动相关产业链的发展,从而创造更多的就业机会。

以新质生产力促进低空经济发展可以围绕劳动者、劳动资料、劳动对象及其优化组合等维度给予政策支持。

高素质的劳动者是"新质生产力"的第一要素。不同于传统产业,低空经济产业所需要的劳动者需要立足科技创新前沿,具备较强的知识迭代能力,熟练掌握新型生产资料。因此,要搭建低空经济的人才培养体系,打造低空经济人才队伍,营造良好的低空经济人才发展氛围,培养符合新质生产力要求的一流科技领军人才和应用型人才。

新质生产力的生产工具具有极强的科技属性,低空经济的发展需要将数字技术、智能技术、数字孪生技术、移动技术、定位技术、现代飞行技术等高新技术结合应用到低空空域,并要促进人工智能、虚拟现实和增强现实、自动化制造设备的使用利用,从而形成"新质生产力"的强大驱动力。

培育和壮大战略性新兴产业和未来产业可以有效夯实新质生产力物质基础,低空是人类经济活动向更广范围的劳动对象的拓展,作为新的增长引擎,发展低空经济需要从国家战略层面进行谋划布局,推动低空产业前沿科技和产业变革。

低空经济是立体经济。从二维扩展到三维,要根据国情,实质性地进一步改革空域管理,将空域真正作为如土地、海洋一样的资源对待。低空经济是协同经济。没有哪种经济形式,如低空经济这样,拥有与生俱来的协同性。发展好低空经济,也就要求拥有高度自觉的协同精神与良好的协同模式,包括上下(政企)协同、军民协同、空地协同、用(户)服(务)协同等,构成全方位、全链条、全要素协同[8]。

2021年2月,中共中央、国务院印发《国家综合立体交通网规划纲要》。在文件中,首次提出发展低空经济,具有标志性意义,低空经济的概念开始进入人们的视野。

2023年12月11日至12日,中央经济工作会议在北京举行。会议强调:以科技创新引领现代化产业体系建设。加强质量支撑和标准引领,打造生物制造、商业航天、低空经济等若干战略性新兴产业,广泛应用数智技术、绿色技术,加快传统产业转型升级。鼓励发展创业投资、股权投资。

2024年1月4日,全国民航工作会议指出:深化拓展航空医疗救护、无人机物流、应急救援、新兴消费等业态发展。支持以民用无人驾驶航空试验区(基地)为基础,推动打造若干低空经济发展示范区。

2024年3月27日,工业和信息化部、科技部、财政部、中国民航局四部门近日联合印发《通用航空装备创新应用实施方案(2024—2030年)》。文件提出,到2027年,我国通用航空装备的供给能力、产业创新能力显著提升,现代化通用航空基础支撑体系基本建立,高效融合产业生态初步形成,通用航空公共服务装备体系基本完善,以无人化、电动化、智能化为技术特征的新型通用航空装备在城市空运、物流配送、应急救援等领域实现商业应用,创新能力显著提升。绿色化、智能化、新构型通用航空器的研制创新居世

多构型低空飞行器示意图

界先进水平,形成一批通用航空领域产学研用联合实验室、科技创新中心及科技创新服务平台。通用航空法规标准体系和安全验证体系基本建立,示范应用成效明显。航空应急救援、物流配送实现规模化应用,城市空中交通实现商业运行,形成20个以上可复制、可推广的典型应用示范,打造一批低空经济应用示范基地,形成一批品牌产品,产业链现代化水平大幅提升。打造10家以上具有生态主导力的通用航空产业链龙头企业,培育一批专精特新"小巨人"和制造业单项冠军企业,通用航空动力实现系列化发展,机载、任务系统及配套设备模块化、标准化产业配套能力显著增强。

到2030年,以高端化、智能化、绿色化为特征的通用航空产业发展新模式基本建立,支撑和保障"短途运输+电动垂直起降"客运网络、"干-支-末"无人机配送网络、满足工农作业需求的低空生产作业网络安全高效运行,通用航空装备全面融入人民生产生活的各领域,成为低空经济增长的强大推动力,形成万亿级市场规模。

低空经济作为战略性新兴产业发展的一条新赛道,是全球主要经济体竞相角逐的新领域,被美国喻为"不能输掉的一场比赛"。低空经济上下游链条长、服务领域广、带动作用强,将撬动低空制造、低空飞行、低空保障和综合服务领域高速增长。

因此,发展低空经济成为我国经济社会的又一战略选择。

1.6 低空经济的内容与模式

从产业构成来看,低空经济主要包括低空制造、低空飞行、低空保障和综合服务等产业,具有辐射面广、产业链条长、成长性和带动性强等特点,在拉动有效投资、创造消费需求、提升创新能级方面具有广阔空间。通用航空是低空经济的主体产业,无人机是低空经济的主导产业。发展低空经济,可有效带动相关领域融合发展,有利于扩大内需,拓展发展空间,打通生产、分配、流通、消费各个环节,对构建新发展格局、推动高质量发展有重要意义。

全球低空经济发展至今先后经历了早期应用探索阶段和规范化发展阶段。其中,在早期,由于低空技术不成熟,以低空旅游和在农业、工业的探索应用为主。2010年以后,随着低空飞行技术的愈发成熟和应用的多元化,规范化监管成为这一时期各国低空经济发展的主要任务。当下,全球低空经济正处于进一步的应用普及阶段。

低空经济主要由低空航空器制造业、低空飞行产业、低空保障产业和低空综合服务业四大部分组成,涵盖融合了第一、第二和第三产业,对我国经济、社会和国防建设都会产生巨大的积极影响。

目前,低空领域的主要产品是 eVTOL 飞行器、无人机(消费级、工业级)、直升机、通航类飞机等。从应用场景区分,低空经济可以划分为城市场景(城市空中交通)和非城市场景(偏远地区的工业、农业、林业、渔业和建筑业的作业飞行及医疗救援、抢险救灾、气象探测、海洋监测、科学实验、教育训练、文化体育等方面的飞行活动)。

吉利低空飞行器

近年来,以通航和无人机为主导的低空经济,如无人救援、无人安防、无人物流、无人送餐等新业态已经形成了一套成熟的商业模式。随着智联网、北斗+低轨卫星等监管技术的完善和低空空域的逐渐开放,出现了低空经济已然蓬勃发展的态势;催生了新需求、新模式、新服务;出现了大市场、大经济的模态。根据国家低空经济融合创新研究中心发布的《中国低空经济发展（2022—2023）》预测，到"十四五"末，我国低空经济对国民经济的综合贡献值将达到3万亿~5万亿元。2023年底统计，我国传统有人运输飞行总时长为135.7万小时，而通航无人机飞行时长达到2311万小时（含无人机飞行）。国内注册登记无人机有118万架，其中中大型无人机有10万架。无人机生产厂家有2200多家，与2022年底相比增幅达15.9%。无人机操控员执照已颁发18.2万本，全国注册无人机运营企业已超过1.7万家。

发展低空经济，有利于拓展市场、扩大内需；有利于推动创新、丰富供给；有利于打通隔阻、促进融合。当前，我国在技术、基础设施和政策方面都为低空经济的发展提供了良好的发展环境，有助于实现我国低空经济高质量发展。

近年来，随着新能源技术的发展及航空领域技术的积累，在全球范围内兴起电动垂直起降飞行器的发展热潮，据不完全统计，截至2023年11月，全球约有300多个在研的eVTOL项目。eVTOL飞行器利用电动力实现垂直起降及巡航飞行，具有采用清洁能源、低噪声、高度自动化等特征，是发展低空经济的主力代表产品。

低空经济具有立体性、局地性、融合性和广泛性四大特点。低空经济以低空空域为活动空间，以有人驾驶和无人驾驶飞行器的飞行活动为核心，带动相关产业融合发展的新型经济形态，主要包括以下几方面。

（1）低空制造产业：涉及通用、警用、海关及部分军用航空器的研发制造，如无人机及其零部件和机载设备的生产。

（2）低空飞行产业：包含各类低空飞行活动，由生产作业、公共服务和航空消费等组成，如农林航空、医疗救援、旅游观光等领域的飞行服务。

（3）低空保障产业：提供空域安全和飞行服务保障的产业，包括低空空域管理系统、通用机场、飞行营地、直升机起降点等设施，以及通信、导航、气象等相关服务。

（4）综合服务产业：支持低空经济发展的地面服务性产业，如航空会展、教育、传媒、信息、租赁保险、中介代理等服务。

低空经济的发展对国民经济和社会公共服务具有重要意义，它能够为区域经济发展提供新动力，推动立体化经济发展，并为国防事业提供新支撑。随着技术的进步和政策的推动，预计低空经济将展现出巨大的发展潜力和战略价值。

1.7 低空经济的价值与作用

低空经济对国民经济发展具有显著的推动作用,可能体现在以下几个方面。

(1)经济增长:低空经济通过提供新的服务和产品,创造新的市场和需求,直接增加了国民经济的总量。例如,低空旅游、无人机物流等新兴服务的发展,为经济增长提供了新的动力。根据权威机构统计,对通用航空的投入与产出比是1:10。

(2)产业升级:低空经济的发展促进了相关产业的技术创新和产业结构的优化。它推动了航空制造业、服务业及信息技术等行业的进步,加速了传统产业的转型升级。

(3)创造就业:随着低空经济的兴起,一系列相关职业和工作岗位被创造出来,如无人机操作员、低空交通管理人员等,这有助于解决就业问题,提高社会就业率。根据权威机构的统计,对通用航空的投入就业带动率是1:12。

(4)基础设施建设:低空经济的发展需要相应的基础设施支持,如建设通用机场、飞行服务站等,这些基础设施的建设和完善对于提升区域经济发展水平具有重要意义。

(5)促进区域均衡发展:低空经济的发展有助于缩小地区发展差距,特别是对于地形复杂、交通不便的地区,低空交通工具可以提供更便捷的出行方式,促进当地经济的发展。

(6)新发展格局构建:低空经济通过整合不同的资源和服务,有助于构建新的发展格局,推动经济社会向更高质量、更有效率的方向发展。

(7)全面现代化推进:作为现代化进程的一部分,低空经济的发展是推进国家全面现代化的重要力量,它涉及生产、生活和生态等多个方面,对于提升国家综合实力和国际竞争力具有重要作用。

(8)综合贡献增长:据中商产业研究院的报告,低空经济对国民经济的综合贡献值在逐年增长,预计未来几年将继续保持稳健的增长趋势。

综上所述,低空经济不仅在经济总量上为国民经济作出了贡献,而且在产业结构、就业、基础设施建设、区域发展等方面都发挥了积极作用,是推动国民经济高质量发展的重要力量。随着技术的不断进步和政策的支持,低空经济有望在未来发挥更大的潜力。

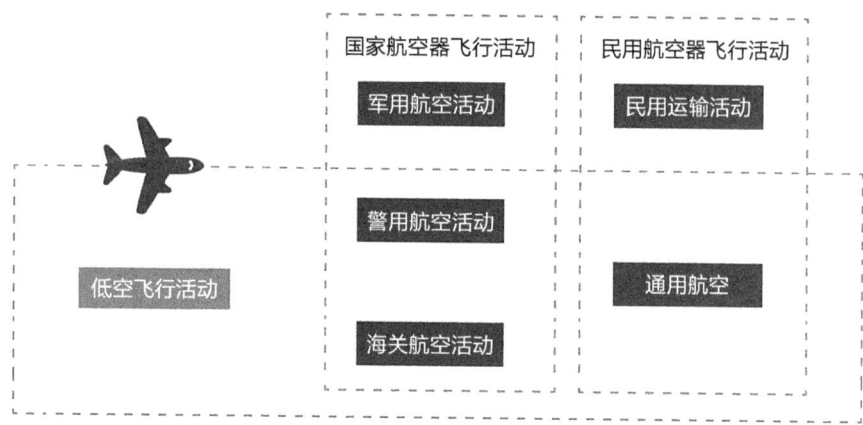

低空飞行活动

改革开放40多年来,事实证明,我国在科技领域取得了一系列重大突破,每一次突破对国民经济的增长带来显著的提升,举例如下。

(1)载人航天工程:我国成功发射了多艘载人航天飞船,进行了太空行走,建立了自己的"天宫"空间站,标志着我国成为世界上少数几个拥有独立载人航天能力的国家之一。

(2)量子通信与计算:我国科学家在量子通信和量子计算方面取得一系列突破,包括世界首个量子科学实验卫星"墨子号"的发射,以及构建世界上最长的量子通信网络。

(3)超级计算机:我国研发出多款超级计算机,如"天河"系列,其运算速度多次位居世界超级计算机500强榜首。

(4)深海探测技术:我国"蛟龙"号载人深潜器到达马里亚纳海沟最深处,展示了我国在深海探测技术上的领先地位。

(5)高速铁路技术:我国高铁的发展令世界瞩目,拥有世界上最长的高速铁路网络,其自主研发的动车组技术也达到了世界先进水平。

(6)生物技术:在基因编辑、基因组研究和合成生物学等领域,中国科学家取得了一系列重要进展,如CRISPR-Cas9基因编辑技术的发展和应用。

(7)移动通信技术:在5G通信技术方面,我国相关企业和科研机构积极参与国际标准制定,并在全球范围内推广5G应用。

(8)天文学:我国建造了世界上最大的500米口径球面射电望远镜(Five-hundred-meter Aperture Spherical radio Telescope,FAST),以及成功发射暗物质粒子探测卫星"悟空"。

（9）核能技术：我国在第三代核电技术"华龙一号"的研发上取得显著成果，同时在核聚变研究领域也有所突破。

（10）新能源技术：在太阳能光伏技术和风能发电技术领域，我国已成为全球最大的生产国和使用国。

（11）激光技术：我国在激光技术领域处于世界领先水平，2013年成为世界上唯一能够制造实用化深紫外全固态激光器的国家。

（12）人工智能：尽管我国人工智能技术的起步较晚，但通过技术攻关和产业应用，我国在多项人工智能技术上已经达到世界领先水平。

（13）我国新能源汽车的产业化和市场化已经取得了显著成就，生产量突破2 000万辆，这不仅标志着我国新能源汽车正在迈向规模化、全球化的高质量发展新阶段，而且在全球新能源汽车领域占据了重要的位置。我国的汽车工业经过30多年的发展，特别是新能源汽车的快速崛起，使得我国车企在全球的地位明显提升。2023年，我国新能源汽车销量占汽车总销量的13%，并且预计2024年将达到22%，这一增长速度显示了我国新能源汽车市场的活力和潜力。

总的来说，这些成就不仅体现了我国科技实力的跨越式提升，也为国家的经济发展和社会进步提供了强大的科技支撑。在未来，我国将继续加大科技创新力度，推动科技成果转化，在生物制药、商业航天、低空经济等新质生产力方面加大投入，以科技创新驱动国家发展，为人类社会的进步作出更大贡献，为全球环境保护和经济可持续发展作出更多贡献。

未来城市空中交通示意图

第 2 章 行业分析与国家政策

2.1 城市化进程与绿色环保要求

随着城市化进程的逐步加快,越来越多的人口涌入大城市,城市地面交通道路建设日趋饱和,拥堵现象普遍。据统计,全球城市居民每天在路上的拥堵路程耗费 20 亿小时,交通拥堵带来的经济损失占城市人口可支配收入的 20%,交通运输占全球碳排放总量的 26%。因此,更好的出行方式成为城市居民迫切的需求。

我国在 2020 年 9 月明确提出"中国力争 2030 年前二氧化碳排放达到峰值,努力争取 2060 年前实现碳中和目标",目前民航碳排放量占全球碳排放的 2.5%~4%,如何缓解飞行器对环境的影响已经成为亟待解决的问题。

eVTOL 飞行器应运而生,具备垂直起降、清洁能源、低噪声、高飞行速度等特征,从绿色环保、高效节能的理念出发,极大地提高了飞行器的环保性和舒适性,是实现高效绿色出行的低空经济产业的重要载具。

通航的现状与市场分析:根据《2023 年民航行业发展统计公报》,截至 2023 年底,我国通用航空在册航空器总数为 3 303 架。与 2022 年相比,通航飞行器保有量比上一年增长了 5%。通用航空 2023 全年共完成飞行 137.1 万小时,这是一项重要的行业指标,反映了飞行活动的活跃程度。例如,天九通航的共享公务机"天九一号"在 2023 年飞抵国内外共 132 个城市,总里程 211 万余千米,累计安全飞行超过 3 100 小时,日均飞行 5.09 小时。

未来已来——我国低空经济的机遇与挑战

未来城市空中交通示意图

我国获得通用航空经营许可证的传统通用航空企业数量达到690家,使用民用无人机的通用航空企业达到19 825家。

在基础设施方面,全国在册通用机场数量已达449个,新增50个,其中包括取证通用机场105个、备案通用机场344个。低空空域管理改革取得了成效,例如,四川、湖南、安徽等地划设了多个低空目视航线和临时空域。

我国通航基本数据

作 业 项 目	数　　量
在册航空器总数	3 303架
全年共完成飞行小时	137.1万小时
传统通用航空企业	690家
民用无人机的通用航空企业	19 825家
全国在册通用机场数量	449个

综上所述,随着国际上对通用航空产业的支持力度的不断加大,我国通

用航空领域取得了显著的发展成果。同时,伴随着飞行活动量的增长、技术的不断进步和市场的进一步开放、企业规模的不断扩大,我国通航产业有望迎来更加广阔的发展空间。

由于空中立体空间大于地面,飞行器的容纳量相比传统地面出行工将具有更高的容纳量;此外,空中交通可以覆盖出行、货运、短途城际运输等多场景,因此低空经济产业的市场规模潜力巨大。

(1)摩根士丹利(Morgan Stanley)2021年发布的城市空中交通(UAM)年报中指出:2040年,UAM概念市场规模将近1万亿美元(其中我国市场份额领先,为30%~50%);2050年,UAM领域的市场规模将达到9万亿美元[9]。

(2)NASA发布的UAM报告中通过模型预测:到2030年,末端配送公司将开始实现盈利;2040年,全球UAM产业规模将达1万亿美元。

低空经济产业吸引了包括一批初创型科技企业、传统汽车主机厂和飞机主机厂的参与。截至2023年10月,全球eVTOL飞行器研发企业约有300多家,出现了Joby、Archer、Wisk、Lilium、亿航智能、时的科技、峰飞航空等专注eVTOL领域的科技企业;也有波音、空客、贝尔、巴西航空工业等传统航空企业巨头参与到这个行业;大众、现代、吉利、丰田、广汽、小鹏汇天、亿航、丰飞等众多车企和腾讯等互联网巨头也在布局新赛道。

根据罗兰·贝格(Roland Berger)的预测(2023年),全球UAM的三种重要使用场景分别是城市出租车、机场班车和城际交通,2035年,eVTOL占比分别可达36%、35%和29%。

2050市内交通

eVTOL占比36%

2050机场班车交通

eVTOL占比35%

2050城际交通

eVTOL占比29%

Roland Berger 的应用场景预测(2023年)

2.2 我国发展低空经济存在的问题和困难

我国的通用航空业在过去一段时间内发展较为缓慢,这背后的原因是多方面的。

1. 政策和法规的制约因素

在我国,低空空域长期受到较为严格的管理,限制了通用航空器的自由飞行。通用机场建设和空域使用的审批制度相对复杂,影响了通用航空基础设施的建设与完善。近年来,虽然相关政策有所放宽,但在过去很长一段时间里,针对通用航空的政策支持不够,缺乏激励措施。

由于 eVTOL 产品设计、应用场景与传统航空业相比均具有创新性,且研发企业众多,团队背景层次参差不齐,产品形态各异,技术路径不尽相同。目前,全球范围内的监管部门未出台相对应的标准和体系来规范行业和产品的发展。航空器的适航取证是研发企业和监管部门共同面临的巨大挑战,目前还缺乏相应的规范标准。

2. 经济和市场的影响因素

由于国家经济发展水平和城乡居民生活水平的限制,通用航空的市场需求未能充分释放,市场需求不够旺盛。通用航空对基础设施建设要求高,而投资回报周期相对较长,影响了企业投资积极性,投资回报周期长。另外,随着运输航空的迅猛发展,资源倾斜使得通用航空领域相对边缘化,难以与运输航空竞争。

在通用航空的发展过程中,存在许多些问题和挑战。首先,供给侧资源明显不足,包括飞行人员、设施设备等都相对紧缺。其次,我国对通航的需求量大,但费用高昂。另外,我国的低空空域开放速度较慢,低空空域利用率低于世界平均水平。此外,我国通航机场数量相对较少,功能比较单一,且地域分布不均衡,特别是在地域广阔的中西部地区,通用航空机场的建设密度较低。最后,通航产业的内循环不强、外循环不畅也是主要问题。这些问题和挑战都需要政府、企业和社会共同努力,来推动通用航空产业的健康、持续发展。

3. 技术和创新的局限性

传统通用航空技术更新换代慢,缺乏与现代科技结合的创新动力。飞行员及专业技术人员的培养机制不完善,导致人才短缺。我国通航飞机的研发制造能力不强,市场主要被外国或合资品牌占据。

4. 基础设施和公共服务的短缺

相比发达国家,我国通用机场的数量明显不足,限制了通用航空的活动空间。另外,通用航空依赖的专业保障能力,如航空气象、航空情报等服务不够完善。

未来,低空飞行器需要按照航线运营,目前国内还未有常态化的低空商业运营航线。未来,大规模低空航空器起降和运营,需要大型、中型、小型等不同类型的停机坪,城市规划部门需要统筹规划,统一建设。另外,需要把地面基础设施、通信设施、充电设备、智能管理设备、无人机值守机库、空管及飞行服务都统一纳入建设范围。

为此,需要与行业标准组织、协会和研究机构加强合作,以建立和完善低空经济领域的规则标准体系。同时,建设高水平的低空智能管理运营平台将成为关键任务。还需要特别关注低空智能融合基础设施的建设,包括通用航空产业综合示范区、民用无人驾驶航空试验区和低空经济高质量发展实验区的建立,这些基础设施的建设将为低空经济的发展奠定坚实基础。

另外,安全管理是低空经济的核心环节。随着越来越多飞行器的出现,城市低空空域的安全管理变得至关重要,需要建立安全监控、失效分析与事故调查的能力。

5. 文化和观念和经营管理问题

通用航空在公众中的认知度不高,缺乏足够的社会影响力和消费基础,市场需求明显不足。国际市场上,通用航空的竞争日益激烈,我国企业面临巨大的竞争压力。业内对于通用航空重要性的认识不足,改革意识和步伐也不够快。现有通用航空企业在管理模式、经营理念上较为陈旧,缺乏创新动力。部分通航企业存在管理不善、运营效率低下的问题,影响了整个行业的健康发展。另外,无人机技术的发展对传统有人驾驶的通用航空构成了直接的竞争和挑战。国家即使出台了相关政策,但在实际操作中的情况不够理想,执行力度不够,从民航局到企业管理,通用航空业在体制改革中的适应过程非常慢。

综上所述,低空经济作为新兴产业,目前还面临诸多的问题和制约。

2.3 国家低空经济的支持政策

我国的新能源汽车得到了快速发展,伴随着电动化的升级变革,包括电机、电池、电子设备等产业产品在全球产业层面已经具备领先优势,电动化航空产业也打下了良好基础。

随着低空空域的逐步开放,低空经济产业将具有更广阔的市场前景。目前,在"交通强国"的战略引导下,中央政府对低空经济产业出台了许多政策支持,简述如下。

(1) 2010年8月,国务院、中央军委下发《关于深化我国低空空域管理改革的意见》。

(2) 2016年5月,国务院办公厅发布《关于促进通用航空业发展的指导意见》。

(3) 2019年9月,中共中央、国务院印发《交通强国建设纲要》,明确从2021年到21世纪中叶,我国将分两个阶段推进交通强国建设。到2035年,基本建成交通强国,形成三张交通网、两个交通圈,基本形成"全国123出行交通圈"。

(4) 2021年3月,《中华人民共和国国民经济和社会发展第十四个五年规划和2035年远景目标纲要》全文发布,其中在第十一章"建设现代化基础设施体系"中明确:建设现代化综合交通运输体系,加快建设世界级港口群和机场群,稳步建设支线机场、通用机场和货运机场,积极发展通用航空。

(5) 2021年,中国民航局、国家发展和改革委员会(简称国家发展改革委)、交通运输部印发的《"十四五"通用航空发展专项规划》明确要积极发展空中短途运输,提出通过立法等方式处理好短途运输、无人机等新领域新业态发展、新技术应用。

(6) 2021年前后,湖南、江西、安徽等作为全域低空试点改革省份,已计划、划批和实现了对低空飞行的规划和监管,三地也有望联动以实现跨域的管理。

(7) 2022年5月,交通运输部发布《正常类飞机适航规定》(CCAR-23-R4),专门增加了"H章 电动飞机动力装置补充要求",对eVTOL等新型飞行器是兼容的。

(8) 2022年10月,上海市人民政府发布了《上海打造未来产业创新高地发展壮大未来产业集群行动方案》,指出上海将面向深海空天利用和空间拓展,在空天利用方面,突破倾转旋翼、复合翼,智能飞行等技术,研制载人电动垂直起降飞行器等,探索空中交通新模式。

(9) 2023年10月,工业和信息化部、科技部、财政部、中国民航局四部委联合印发了《绿色航空制造业发展纲要（2023—2035）》。文件明确提出，2025年，eVTOL电动垂直起降飞行器实现试点运营，加快eVTOL融入综合立体交通网络，到2035年建成具有完整性、先进性、安全性的绿色航空制造体系。

（10）2023年11月，由中央空中交通管理委员会办公室起草的《中华人民共和国空域管理条例（征求意见稿）》正式发布。低空经济迅猛兴起，空域供给和需求矛盾发生深刻变化，现行空域管理模式已不适应新形势新要求。在此背景下，《条例》应运而生，通过对空域管理模式进行顶层设计，实现空域资源科学精细配置、分级分类管理、动态灵活使用，为低空经济赋能。

（11）2023年12月，在中央经济工作会议上，低空经济被提升至战略性新兴产业的高度，这标志着低空经济被视为国家发展的重要组成部分。会议强调"以科技创新引领现代化产业体系建设。加强质量支撑和标准引领，打造生物制造、商业航天、低空经济等若干战略性新兴产业，广泛应用数智技术、绿色技术，加快传统产业转型升级。鼓励发展创业投资、股权投资"。

（12）2024年，《无人驾驶航空器飞行管理暂行条例》正式施行，这为我国无人机产业的规范化发展奠定了基础，也预示着低空经济发展进入了一个新时代。

（13）2024年3月，工业和信息化部、科技部、财政部、中国民航局四部门联合印发《通用航空装备创新应用实施方案（2024—2030年）》。

以上展示了低空经济从概念提出到政策支持、法规建设，再到市场应用的全过程。随着技术的进步和市场的成熟，低空经济将继续保持稳定增长。

2.4　政策导向分析

通用航空的"民用、民间、民资、民营"特点突出，截至2015年底，我国共有281家通用航空企业，以中小企业为主，平均每家企业雇员不足50人、机队规模不足7架。通用航空业的准入门槛、投资体量和技术门槛相对较低，是交通运输行业中最适合民间投资的领域。

我国经济新常态和供给侧结构性改革已进入关键攻关阶段，既需要寻找新的经济增长点，优化资源配置，为长期经济发展培育新动能、形成新结构，又需要通过新领域投资增量对冲"去产能、去库存、去杠杆"过程中的短期压力。通用航空发展潜力较大,是生产方式、交通方式和消费方式改造升级的重要工具与载体,同时在通用航空业规模化、产业化、基础设施普及化初期中可以快速带动投资,拉动民间投资、促进就业,因此成为经济新常态和供给侧结构性改革大背景下国家经济转型升级的重要选项。

通用航空是一个国家各部委、民航业、航空工业、各级地方政府、投资界、转型企业和消费者形成普遍发展共识的领域,也是我国各产业中相对落后的一个,具备较大的潜力。在交通运输领域,我国的公路、铁路、港口、内河、汽车产销量、船舶制造吨位均已在全球居于领先地位,通用航空业却相对落后。我国人均通用航空飞行量和人均通用航空器拥有率分别仅为全球平均水平的9%和3%,通用航空器保有量在全球排名在15名之外,通用航空机队中进口航空器的比例高达79%,新增通用航空器的国产比例仅为6.6%。这种落后状态从另一个角度,正说明我国通用航空具备的发展潜力。

2012年7月发布的《国务院关于促进民航业发展的若干意见》将民航业定位为"我国经济社会发展重要的战略产业"。本次《意见》正式将通用航空业确定为我国的"战略性新兴产业体系",其对通用航空业的定位,体现了国家对航空运输业与通用航空业"两翼齐飞"的基本判断与期许。

通用航空业以其产业链条长、服务领域广、带动作用强等特点,成为国家促进消费、带动投资、推动转型的重要选项。2016年5月,国务院办公厅发布《关于促进通用航空业发展的指导意见》,将通用航空业确定为"战略性新兴产业体系"。《意见》明确了今后一个时期我国通用航空业发展的指导思想、基本原则和发展目标,提出了通用航空业发展的主要任务和相关政策措施。这是新中国成立以来国务院办公厅首次从国家战略层面对通用航空业发展提出指导意见,《意见》将成为未来5年乃至更长时期指导我国通用航空业改革和发展的重要文件。

通用航空业,立足产业链整体发展,打破了行业藩篱与区域桎梏,改变了以往由单一部门、局部区域推动通用航空发展的局面。《关于促进通用航空业发展的指导意见》突出市场在资源配置中的决定性作用,以市场方式做大增量、优化结构,同时以结构性改革的思路推动空域、土地、资金、人才等要素的均衡投入,以规划与政策引导产业上下游协同发展、通用航空与运输航空统筹发展。

过去,通用航空有"上天"和"落地"两大痛点,《关于促进通用航空业发展的指导意见》提出,要大幅提高低空空域开放范围,明确提出监视空域、报告空域无缝衔接。"十三五"期间建成500个以上通用机场,有效缓解适用机场缺乏的短板。针对高运营成本制约通用航空业规模扩大的问题,《意见》提出多项简政放权措施,减少企业审批方面的时间和成本投入,还提出了需合理确定通用机场建设标准,节约投资、降低使用成本。此外,《意见》关于提高国产化通用航空器的产品支持与综合保障服务能力、加大资金支持和强化人才培养等的措施都将有效降低企业经营的要素成本。

当前,我国通用航空的社会需求已出现结构性变化,交通服务、公益服务和消费产品成为主导需求。长期以来,我国通用航空工农林业生产作业和服务运输航空的飞行培训占作业总量的70%以上,通用航空供给侧的适应性与灵活性明显不足,迫切需要强化通用航空交通服务、扩大社会公益服务与新兴航空消费来改善通用航空的市场结构。我国地理、地质分布复杂,一些区域地面交通不便、建设成本高,发展通用航空具备优势。积极发展短途运输,将为我国偏远地区、地面交通不便地区的人民群众提供用得上、坐得起的基本航空服务。通用航空在抢险救灾、医疗救护等领域的应用,都是在推动政府完善公共产品、公共服务。通用航空与旅游业结合,支持个人飞行、企业自用、执照培训、公务航空、航空俱乐部与通用航空爱好者协会发展,通用航空与互联网创意经济、医疗、旅游、交通消费、体育娱乐等大众产业的融合,将带动社会消费的转型升级。

通用机场建设是短板。完善的基础设施网络是通用航空业可持续发展的基础,可以公平、有效地降低所有用户的成本。我国通用机场总量少、分布不合理,既有通用机场远离城市和社区,主要服务于航空作业,难以满足通用航空的社会服务与消费需求。因此,通用机场布局与建设应贴近市场、服务需求。

空域是我国通用航空发展的瓶颈,停产等待飞行的成本是通用航空企业最大的隐性负担。2010年以来,根据国务院、中央军委的统一部署,我国低空空域的分类标准和管理思路逐步明确,但低空空域管理改革进展缓慢。将低空空域从真高1 000米的垂直范围提高到真高3 000米以下,满足大部分低空空域用户的飞行需求;通过"监视空域和报告空域的无缝衔接",让多数通用航空飞行满足报备即可飞行的条件,大幅降低通用航空飞行申请、审批的时间和所需要的精力;根据通用航空飞行使用空域的类型分别明确了申请(报备)、审批的时限,从整体上提高了审批效率。另外,对优化飞行服务,完善基础性的航空情报资料、航空气象、飞行情报与告警服务能力提出了新的要求。

低空空域作为通用航空不可缺少的生产要素,空域要素投入不足是长期制约我国通用航空发展的问题。

2010年,国务院、中央军委印发《关于深化我国低空空域管理改革的意见》对低空空域原则按照真高1 000米的垂直范围提高到真高3 000米以下。以往通用航空的转场飞行、作业飞行和相对大型的通用航空器经常需要使用真高1 000米以上空域,低空空域垂直范围提高后,大部分通用航空都可以满足在低空空域内飞行的条件。

自2010年国务院、中央军委颁布《关于深化我国低空空域管理改革的意见》以来,虽然在全国各地试点划设了一批监视空域和报告空域,但空域用户普遍反映机场不能与监视空域、报告空域连通,报告空域、监视空域之间不能有效连通,导致绝大多数通用航空飞行难以获得报备即可飞行的条件。而依据规定,如果在管制空域飞行,通用航空飞行需要提前申请临时飞行空域,临时飞行空域的申报时限规定为"拟使用临时飞行空域7个工作日前向有关飞行管制部门提出,负责批准该临时飞行空域的飞行管制部门应当在拟使用临时飞行空域3个工作日前作出批准或者不予批准的决定"。如果3 000米真高以下实现监视空域和报告空域的无缝衔接,大量通用航空飞行都将满足报备即可飞行的条件,大幅降低通用航空飞行的申请、审批的时间与精力付出。

新规定缩短了审批时限。《关于深化我国低空空域管理改革的意见》中对提高审批效率提出了更高要求,例如,将通用航空在管制空域的飞行分为飞行管制分区内、超出管制分区在飞行管制区内、跨飞行管制区三类,分别在起飞前4小时、8小时和前一天15时以前提出申请,审批单位分别需在起飞前2小时、6小时和前一天18时前批复。《关于深化我国低空空域管理改革的意见》对监视空域和报告空域报备飞行计划的时限也作出了明确要求,即分别是起飞前2小时和1小时向飞行计划受理单位报备。

国家明确通用航空业核心为通用航空飞行活动,形态为串联航空器研发制造、市场运营、综合保障及延伸服务等全产业链,定位为战略性新兴产业体系,是对《国务院关于促进民航业发展的若干意见》中民航业战略性产业定位的延伸和拓展;从解决制约通用航空业发展的问题出发,制定了通用航空业发展思路和重点任务,是今后一段时期我国通用航空业发展的行动纲领。

近几年,我国无人机产业优势显著。截至2023年,运营无人机的企业达1.9万家。无人机在个人消费、地理测绘、应急救援等领域的应用不断扩展,为低空经济的发展提供了强有力的支撑。这一增长趋势表明,低空经济已成为我国经济的重要组成部分,并且具备巨大的发展潜力。从研发设计、系统集成到精益制造、适航保障,我国已构建无人机全链条的配套保障能力,并形成了粤港澳、长三角、成渝地区等低空经济聚集地。

2024年3月,工业和信息化部、科技部、财政部、中国民航局四部门联合印发《通用航空装备创新应用实施方案(2024—2030年)》(以下简称方案)。《方案》是旨在推动通用航空装备发展和应用的重要文件,通过明确主要目标、重点任务和保障措施,促进通用航空产业的高质量发展。

通过制定《方案》,旨在促进通用航空装备的自主研发和制造,推动新技术、新业态、新模式的应用,提升通用航空产业的整体竞争力。《方案》的主要目标:到2025年,形成具有较强竞争力的通用航空装备研发制造体系,通用航空装备规模达到5 000架以上,年均增长率超过20%。重点任务包括加强通用航空装备研发制造,推广新型通用航空装备应用,提升通用航空装备服务保障能力,促进通用航空装备国际化发展。

通过推动通用航空装备核心技术研发,建设通用航空装备研发平台,培育通用航空装备龙头企业。支持无人机、公务机、轻型运动飞机等新型通用航空装备的研发和应用,开展通用航空装备试验验证和示范应用。

加强通用航空装备标准化建设,完善通用航空装备统计和信息监测体系,加强通用航空装备安全监管。加大对通用航空装备研发制造的支持力度,优化通用航空装备市场准入环境,推动通用航空装备租赁和金融服务发展。

建立由国家发展和改革委员会(简称国家发展改革委)牵头,各相关部门参与的通用航空装备创新应用实施机制,加强组织协调和政策衔接。定期开展通用航空装备创新应用的监督评估,及时总结经验教训,确保实施方案的有效执行。

综上所述,可以看到《方案》在推动通用航空装备发展和应用方面的积极作用。随着政策的逐步落实,未来我国的通用航空装备将更加先进、应用更加广泛,为经济社会发展和人民生活带来更多便利。

2.5 各地方政府低空经济发展规划概览

自从低空经济的概念提出以后,据统计,2023年,全国共有15个省(自治区)将低空经济有关内容写入政府工作报告,加大政策扶持,全力推进项目落地,摘录部分内容如下。

截至2024年3月底,全国近20个省份的政府工作报告提到了发展低空经济。在地市(直辖市)层面,深圳、苏州、珠海、合肥、芜湖、南京、北京等市纷纷出台低空经济发展条例、实施方案、行动计划及产业具体支持措施,预计国内主要地市(直辖市)针对低空经济的具体行动方案和措施将广泛出台。从各地具体的政策支持细则来看,普遍涉及基础设施建设(如通航机场、起降平台)、下游应用场景拓展(开设物流、载人航线)、产业链培育和产业化、企业投资项目落地方面的支持和补助[10]。

1. 湖南

2022年3月,湖南发布《湖南省低空空域划设方案》《湖南省低空空域协同运行办法》。

建设目标:力争到2025年,全省低空经济领域规模以上企业超20家,基本建成"1+13+N"通用机场网,低空经济总产值达1 600亿元左右。2035年,实现"县县有通用机场、乡乡有临时起降点"。

重点内容:湖南省低空(3 000米以下)空域划设为管制、监视、报告三类空域,共171个,规划常态化低空目视飞行航线97条,并建立空域灵活转换机制,真正实现湖南省全域1 000米以下空域划设无缝衔接;飞行计划方面,将现行飞行前一日15时前申请、21时前批复,改为涉及管制空域的前一日15时前申请、21时前批复,仅涉及监视、报告空域的,只需在飞行前2小时报备

2. 芜湖

2023年1月,芜湖发布政策:《芜湖市低空经济高质量发展行动方案(2023—2025年)》。

建设目标:到2025年,低空经济相关企业数量突破300家,其中龙头企业超过10家,"专精特新"企业和高新技术企业数翻一番,低空产业产值达到500亿元。引入20家以上低空领域研发制造龙头企业,产业链企业基本健全。

重点内容：以无为通用机场、芜宣机场为大型起降枢纽，在市域范围内的医院、重点广场、道路及重要区域规划布局建设30个以上临时起降场地、起降点，利用通用机场及飞行营地规划建设1~2个固定运营基地(fixed base operator，FBO)，建成5个以上航空飞行营地。

到2025年，在航空整机、航材、主控芯片等方面实现关键核心技术攻关突破，国产核心零部件本地化率超过90%。

推进芜宣机场改扩建工程、芜湖专业航空货运枢纽港等项目建设。依托低空经济研究院推进"低空智联"项目，加快推进5G通信、北斗定位导航、广播式自动相关监视(automatic dependent surveillance-broadcast，ADS-B)基站等天地一体化网络基础设施建设，融合运用网络化、数字化和智能化技术构建智能化数字网络体系，优化城市低空通信网络，保障低空飞行通信数据互联互通。到2025年，基本实现主要建成区低空飞行监视、导航全覆盖。

3. 广州市黄埔区

2023年10月，广州市黄埔区发布政策文件：《广州开发区(黄埔区)促进低空经济高质量发展的若干措施》。

重点内容：支持建设低空飞行器应用验证场地，对获得空域批复，提供公共服务的本区低空飞行试验场的企业，按照每年实际运营费用最高50%进行补贴，每年度不超过300万元。

支持低空飞行器场景应用，对于提供低空飞行器年载人飞行服务1 000架次以上的示范项目，按照最高300元/架次给予补贴；对于提供低空飞行器年载物飞行服务10 000架次以上的示范项目，按照最高90元/架次给予补贴。每家企业每年度该项补贴金额不超过500万元。

4. 合肥

2023年12月，合肥发布政策文件：《合肥市低空经济发展行动计划(2023—2025年)》。

建设目标：打造2~3个覆盖技术研发、生产制造、运营保障等多元业态的低空经济产业先导区。

重点内容：建设全国首个面向政务服务的"一网统飞"系统，按市场化模式提供无人机公共治理服务。鼓励各相关部门通过政府购买服务方式，加大无人机在交通管理、应急救援、城市消防、城市治安、血液运输、国土测绘、水务监测、电力巡线、环境监测等领域的应用。

建设一批起降设施。出台基础设施布局规划、建设方案，明确起降点

（地）、航空港、航空枢纽等基础设施选址。

5. 深圳

2023年12月，深圳发布政策文件：《深圳市支持低空经济高质量发展的若干措施》。

重点内容：低空物流配送；小型无人驾驶航空器，取得行业主管部门审批并常态化运营（每年完成5 000次以上）的航线，每条新开航线给予一次性奖励20万元。首年，企业年运营每增加万架次，给予40万元奖励；次年开始，对于企业新开航线、同比上一年总飞行架次增量部分，按相同标准给予奖励。

对取得行业主管部门审批的深圳首条eVTOL商业航线运营企业，给予一次性奖励100万元。为鼓励低空载客运行向清洁能源方向发展，参照境内通航短途运输航线奖励标准，对eVTOL商业运行航线、架次给予奖励。

6. 苏州

2024年2月，苏州发布政策文件：《苏州市低空经济高质量发展实施方案（2024—2026年）》。

建设目标：到2026年，力争聚集产业链相关企业500家，产业规模达600亿元。建成1~2个通用机场和200个以上垂直起降点，开通至周边机场3~5条通用航空短途运输航线、100条以上无人机航线，无人机商业飞行取得突破性进展。

重点内容：构建低空地面基础设施体系，发挥交通投资集团等国资平台的引领作用，引导社会资本投入，分阶段推进各县级市（区）通用机场、水上机场、垂直起降点等基础设施建设，与国内重点物流企业共同推进无人机起降点建设；选择3~5个产业基础较好的县级市（区）开展低空经济先行示范，促进低空飞行与市场消费有机融合，培育低空消费新业态，形成可操作、可复制、可推广的经验做法和发展模式。

7. 深圳市龙华区

2024年3月，深圳市龙华区发布政策文件：《龙华区低空经济试验区2024年度建设方案》。

建设目标：到2024年底，初步建成低空经济先导区。建设一批地面基础设施，新增40个以上低空飞行器起降平台及末端配送设施。力争开通5条以上区内无人机航线，载货无人机商业飞行突破30万架次/年。引导10个以上低空产业项目在龙华落地，加快产业集聚发展。

重点内容：支持美团、丰翼科技等企业在核心商圈、甲级写字楼、社康、社区等存量空间建设无人机起降场及末端配送设施。

加快推进亿航智能在龙华开通城市载人运营航线，发展以 eVTOL 为主的城市观光、空中通勤等城市空中交通服务新业态。

8. 武汉

2024 年 3 月，武汉发布政策文件：《武汉市支持低空经济高质量发展的若干措施（征求意见稿）》。

重点内容：对于在武汉市建设无人机智能起降机巢、中大型无人驾驶航空器起降场、eVTOL 航空器起降场、直升机起降平台等低空经济相关基础设施并实际运营的企业，按照实际建设投入的 50% 分类别给予一次性补贴，每个智能起降机巢不超过 10 万元，每个中大型起降场、eVTOL 航空器起降场、直升机起降平台不超过 100 万元，每家企业每年不超过 500 万元。

9. 共青城市

2024 年 3 月，共青城市发布政策文件：《共青城市低空经济产业三年行动计划（2024—2026 年）》。

建设目标：落户一批 eVTOL 航天器、固定翼、无人机整机制造龙头企业，形成低空经济产业园+低空制造企业的"1+N"产业格局，打造全国有影响的低空经济产业集群。

重点内容：组建江西省低空经济产业投资有限公司，负责低空经济产业园投资建设和运营管理，提升专业化水平。组建 50 亿元的低空经济产业发展专项基金，为低空产业项目进行资本赋能。

开通共青—井冈山短途运输航线，规划共青—黄山、共青—庐山、共青—庐山西海等空中旅游航线，支持在共青城低空文旅小镇开通 eVTOL 空中游览航线。

10. 山东

2024 年 4 月，山东发布政策文件：《山东省低空经济高质量发展三年行动方案（2024—2026 年）（征求意见稿）》。

建设目标：到 2026 年，创建 2 个城市低空融合飞行示范基地，打造 4 个飞行服务站，建成 40 个通用机场、400 个数字化低空航空器起降平台。

形成 10 个以上可复制、可推广的典型应用示范，开通 50 条以上市内无人机航线、20 条以上区域无人机物流航线、20 条以上景区旅游航线、10 条以上短途运输航线，载货无人机实现常态化飞行，eVTOL 航空器实现商业化飞行。

培育亿元级龙头企业 20 家以上,专精特新企业 50 家以上,链上企业 300 家以上组建山东省低空飞行服务中心,建设省级(济南)综合飞行服务站和全省智慧低空飞行管理服务系统。

重点内容:制定《山东省低空空域协同运行管理办法》《山东省低空目视飞行规则》,推动低空空域灵活转换、动态使用,实现全省低空空域无缝衔接。

11. 安徽

2024 年 4 月,安徽发布政策文件:《安徽省加快培育发展低空经济实施方案(2024—2027 年)及若干措施》。

建设目标:到 2025 年,建设 10 个左右通用机场和 150 个左右临时起降场地、起降点,部分区域低空智联基础设施网初步形成。到 2025 年,低空经济规模力争达到 600 亿元,该规模以上企业达到 180 家左右,其中培育生态主导型企业 1~2 家。到 2027 年,建设 20 个左右通用机场和 500 个左右临时起降场地、起降点;到 2027 年,低空经济规模力争达到 800 亿元,该规模以上企业力争达到 240 家左右,其中生态主导型企业 3~5 家。

到 2025 年,全省通用飞机飞行时长力争达到 1 万小时,无人机飞行时长力争达到 160 万小时。到 2027 年,通用飞机飞行时长力争达到 1.5 万小时,无人机飞行时长力争达到 200 万小时。

重点内容:支持固定翼飞机、无人机、eVTOL 航空器、直升机等低空飞行器在城市安全、城市消防、空间测绘、气象探测、环境保护等场景实行应用。鼓励有条件的运营企业开展城市空中交通应用示范,丰富城市空中交通的商业运营模式,培育空中交通新业态。

支持低空企业申报国家首台套重大技术装备、首批次新材料保险项目,对于符合条件的企业项目,积极争取中央预算内投资支持。

12. 无锡

2024 年 4 月,无锡发布政策文件:《无锡市低空经济高质量发展三年行动方案(2024—2026 年)》。

建设目标:到 2026 年,低空经济产业产值规模突破 300 亿元,成为无锡社会经济发展新的增长。

构建"2(硕放机场、丁蜀机场)+N(直升机场、起降点)+X(无人驾驶航空器起降场、智能机巢)"起降设施体系,到 2026 年建成 200 处各类起降设施,低空飞行规模达到 30 万架次/年。

重点内容：抢先布局eVTOL、飞行汽车、无人直升机、工业级无人驾驶航空器整机制造新赛道，争取引入1~2家头部企业，提升本地整机研发制造能力。积极争取eVTOL首航首试，提升定制化服务水平，打造城市"空中的士"。

13. 沈阳

2024年4月，沈阳发布政策文件：《沈阳市低空经济高质量发展行动计划（2024—2026年）》。

建设目标：到2026年，低空飞行器在城市空运、物流配送、应急救援和智慧城市管理等领域的综合服务高效运行，打造10个以上低空经济应用示范场景，培育低空经济相关企业突破100家，产业规模达到30亿元。

重点内容：加快推动低空物流配送服务、开拓低空文旅消费新业态、培育低空维修产业重点推进完善机场跑道等基础设施、提升试飞保障能力和推动新型基础配套设施体系建设。

14. 珠海

2024年4月，珠海发布政策文件：《珠海市支持低空经济高质量发展的若干措施（征求意见稿）》。

重点内容：支持开设低空载人航线。拟对经审批在本地新开设并常态化运营（公开渠道售票）的eVTOL载人航线给予补贴，其中空中观光游览类补贴150元/架次，市内交通类补贴200元/架次，城际交通类补贴300元/架次，每家企业每年度补贴总额不超过500万元。对经审批在本地新开设并常态化运营的无人机或直升机跨境客运航线，按照400元/架次、每家企业每年度不超过500万元的标准给予补贴。

15. 北京

2024年5月，北京发布政策文件：《北京市促进低空经济产业高质量发展行动方案（2024—2027年）（征求意见稿）》。

建设目标：到2027年，低空经济相关企业数量突破5 000家，在技术创新、标准政策、应用需求、安防反制等领域形成全国引领示范，带动全市经济增长超1 000亿元。

培育10亿元级龙头企业10家、过亿元产业链核心环节配套企业50家、技术服务企业100家。

围绕应急救援、物流配送、空中摆渡、城际通勤、特色文旅等，新增10个以上应用场景，开通3条以上面向周边地区的低空航线。

到2027年，建立覆盖各类无人机及"低慢小"航空器、高中低空高效协同的安防反制能力,形成一批可复制可推广的解决方案及低空安防模式,确保首都低空安全,打造全国标杆。

重点内容:巩固低空制造全产业链竞争力,包括支持先进整机研制、加强发动机等核心部件及材料配套、推动机载、空管等设备开发、提高制造技术供给能力。

16. 南京

2024年5月,南京发布政策文件:《南京市促进低空经济高质量发展实施方案(2024—2026年)》。

总量指标:全市低空经济产业规模超500亿元。具体指标:建成240个以上低空航空器起降场及配套的信息化基础设施;建成3个以上试飞测试场和操控员培训点;规划建设1~2个通用机场;开通120条以上低空航线;全市低空经济领域高新技术企业超120家;建成15个省级以上创新平台;培育30个以上具备示范效应的创新应用场景。

每年遴选发布10个以上具备示范效应的创新应用场景。同时,鼓励政府部门、公共企事业单位加强与低空制造企业、低空飞行服务企业的对接合作,开展各项城市公共服务。

重点内容:低空飞行场景方面,鼓励企业使用小型或中、大型无人驾驶航空器开展低空配送业务,对符合新开航线和架次标准的运营企业给予奖励。低空消费场景方面,鼓励各区发放用于低空飞行体验和游览的飞行券;对新建并获得国家体育总局航空无线电模型运动管理中心、中国航空运动协会授牌的无人机、航模航空等各类飞行营地,最高奖励30万元。

17. 广东

2024年5月,广东发布政策文件:《广东省推动低空经济高质量发展行动方案(2024—2026年)》。

建设目标:到2026年,广东低空经济规模计划超3 000亿元,全省通用飞机飞行将达15万小时,无人机飞行将达350万小时。基本形成广州、深圳、珠海三核联动、多点支撑、成片发展的低空经济产业格局。为实现此目标,广州、深圳等市将先行先试,加强城市空中交通管理组织运行模式研究,完善管理措施。

重点内容:聚焦"干—支—末"物流配送需求,构建低空智慧物流体系。大力发展城市空中交通新业态,支持广州、深圳、珠海等具备条件的城市开通市内和城际低空客运航线,打造覆盖粤港澳大湾区主要区域的低空空中交通走廊。

18. 四川

2023年,四川省鼓励发展航空装备、氢能、通用航空等战略性新兴产业,支持成都、自贡等打造千亿级无人机产业集群。加快产业技术创新和成果转化,实施智能装备、航空与燃机等重大科技专项;加快建设高端航空装备等国家级产业技术创新平台;深化航空整机与发动机战略性新兴领域军民协同创新。

19. 贵州

2023年的重点工作就是培育壮大战略性新兴产业,大力发展航空航天等装备制造产业。围绕建设关键零部件、关键材料、关键设备等产业备份基地,大力推进中航重机贵阳航空产业园、黎阳航空发动机产业生态圈等重大项目建设,支持安顺加快建设航空产业城,依托主机引导配套产业集聚发展,航空航天等装备制造产业增加值增长7%以上。在航空发动机等领域培育建设省级重点实验室,加快建设乌江实验室等科技转化平台。

20. 西藏自治区

2023年的重点工作就是实施工业龙头企业招引培育工程,在清洁能源、通用航空等领域,加快培育一批亿元级、十亿元级、百亿元级领军企业。

21. 甘肃

2023年的重点工作就是培育壮大新兴产业,谋划布局氢能、新型储能航空航天等未来产业。强化交通基础设施建设,力争庆阳市华池县、武威市民勤县通航机场的建成投运。

22. 青海

将果洛玛沁机场、海北祁连机场建成通航机场,将玉树巴塘机场完成改扩建,形成"一主六辅"的民用机场格局。2023年的重点任务就是推进西宁曹家堡国际机场三期,开工建设共和青海湖机场,加快都兰、大柴旦等通用机场的建设,构建"1+9+N"航空运输体系。

23. 新疆维吾尔自治区

2023年的重点工作就是开工建设轮台机场及一批通用机场,加快推进皮山机场、乌苏奎屯机场等项目前期工作。

截至2024年5月,全国28个地区将低空经济写入政府工作报告,详见如下。

全国低空经济写入政府工作报告的数量统计

地区	政策数量	地区	政策数量	地区	政策数量	地区	政策数量
北京	4	河北	3	江西	8	四川	24
天津	2	山西	5	福建	5	云南	5
重庆	11	内蒙古	2	河南	7	西藏	2
上海	4	山东	14	湖北	5	贵州	2
黑龙江	3	江苏	7	湖南	11	新疆	1
吉林	1	安徽	16	广东	48	陕西	1
辽宁	3	浙江	11	海南	2	甘肃	1

2.6 中央企业低空经济工作部署

中央企业全局部署,央地合作驱动发展,中央企业发挥"主力军"和"国家队"作用,对发展低空经济作出全面部署,制定发展规划和行动方案,积极推动与地方政府的合作和项目落地,成为半年来低空经济发展过程中的又一新特点,为全行业释放出强烈信号。2024年3月29日,国务院国有资产监督管理委员会(简称国资委)全面深化改革领导小组召开2024年第一次全体会议。会议强调,要完善国资国企体制机制,打通发展战略性新兴产业、推动科技创新的堵点、断点,构建新型生产关系,培育和发展新质生产力。

2024年5月17日,中航工业董事长周新民在拜访中国民航局时表示[11],将把推动低空经济发展作为责无旁贷的历史使命,立足低空经济生态系统整体,充分发挥"国家队"和"主力军"作用。中国航天科技集团有限公司(简称航天科技)组建了低空经济专班来推动低空经济发展,董事长陈鸣波提出,要把握好低空经济发展带来的产业转型机遇,需要从国家战略层面优化产业布局,构建更加开放的无人机产业生态,融合大数据、人工智能等优质资源。

中国电子科技集团有限公司(简称中国电科)党组高度重视低空经济发展,组织召开了研讨会,并成立了工作专班,密集实地调研多个省、市、县、区和园区,从芯片、模组、电子装备、飞机平台、空管系统、无人机反制等方面进行了全面部署。2024年5月7日,中国铁路通信信号股份有限公司(简称中国通号)党委书记、董事长、总经理楼齐良主持召开中国通号低空经济工作推进会,对加快发展低空经济、培育新质生产力进行再动员再部署,提出推动低空空域管控、无人机制造、运营服务"三业一态"产业格局落地见效,融合"自我滚动+资本运作"双模式,做好产业布局。

中国通号已在合肥成立通号低空经济(合肥)科技有限公司和30亿元的低空经济产业基金。

中国移动、中国电信、中国联通作为基础电信运营商,充分发挥5G网联的优势,在低空基础建设、低空生态建设、低空项目落地方面有着长期大量的积累,取得了新的成果。中国移动成立了长三角低空经济研究中心,共同推进低空智联网建设;在多地进行5G-A通感一体试验;在应急等多个行业推动项目落地,发布了十大应用场景。中国电信在江苏成立了无人机公司,进行通用航空服务、智能无人飞行器销售、5G通信技术服务及物联网技术研发等,并于2024年6月17日在南京举行了"中国电信低空经济合作发展大会",成立了中国电信低空经济产业联盟。

第 3 章
低空经济产业链分析

低空经济产业链长、辐射面广、成长性好、带动性强。低空经济通常指距正下方地平面垂直距离3 000米以内的空域，以民用有人驾驶和无人驾驶航空器为主，以载人、载货及其他作业等多场景低空飞行活动为牵引，辐射带动相关领域融合发展的综合性经济形态。数据显示，截至2023年底，无人机设计制造单位约2 000家，国内注册无人机126.7万架，同比增长32.2%；飞行2 311万小时，同比增长11.8%。据测算，去年我国低空经济规模已超5 000亿元，2030年有望达到2万亿元。

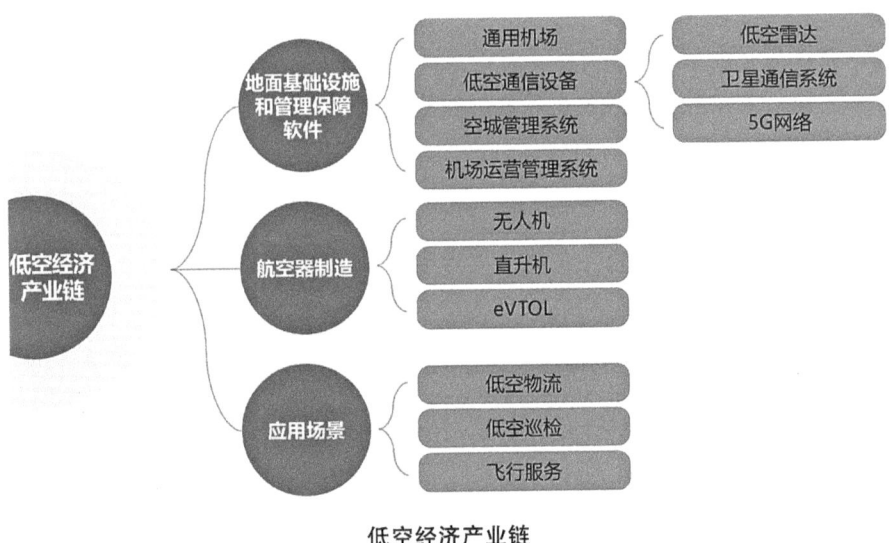

低空经济产业链

（资料来源：方策产业智库）

目前，电动垂直起降（eVTOL）飞行器的上游产业链核心部分，包括电池、动力系统、飞控系统、航电设备、导航系统、通信系统、复合材料等;中游产业链主要是设计研发生产飞机的主机厂,国外有 Joby、Wisk 等代表企业,国内有峰飞航空、时的科技、御风未来、零重力等新创企业;下游为终端应用,主要是航空公司、直升机运营公司或通航公司。国内外知名的运营单位有安徽省通航集团、深圳东部通航、中信海直、亚捷航空、精功通航等。

3.1 产业链上游:航空器研发制造

航空器研发制造的主要对象包括通用固定翼飞机、无人机、直升机及新兴产品 eVTOL 航空器。低空航空器凭借其独特的航速和航程优势,未来将重点覆盖 300 千米以下的出行场景,包括:载人客运、载物货运、警务安防、公共服务、国防军事及私人飞行等。到 2030 年,全球投入商业运营的 eVTOL 数量将达到 5 000 架;到 2040 年,这一数字将激增至 4.5 万架。航空器制造产业链涵盖原材料与核心零部件领域,研发行业包括各种工业软件、芯片、电池、电机等[12]。

国内外已出现 eVTOL 产品,蓝海市场呈现差异化竞争趋势。国内 eVTOL 行业起步稍晚、体量小、潜力大,受益于低空经济热潮、政策支持、上游技术成熟、商业模式创新等因素,有望实现高速发展。相关机构预测,到

亿航 EH216-S 颁发生产许可证(PC)

2030年,我国eVTOL产业规模将达到500亿元。

目前,多个独角兽公司已进入产品研发测试环节并快速进行全球布局;传统行业巨头采用投资与合作研发模式并行推进;另有部分制造商专注于电动垂直飞行器的商业应用探索。其中,亿航智能自主研发的"空中的士"亿航EH216-S无人驾驶载人航空器于3月18日上架电商平台,标价239万元,该产品座位数为2个。据介绍,该产品于2023年获得中国民用航空局(Civil Aviation Administration of China,CAAC)正式颁发的型号合格证,成为全球首个获得型号合格证的载人级无人驾驶eVTOL航空器。

峰飞航空V2000CG无人驾驶eVTOL已经通过了中国民用航空华东地区管理局(简称民航华东管理局)的审查,表明符合性审查已获得通过,并于2024年3月22日获得适航证。这是全球第一张复合翼无人驾驶eVTOL货运适航证,V2000CG即将展开运营。

峰飞航空V2000CG飞越珠海—深圳

3.2 产业链中游:地面基础设施和运营

地面基础设施是各类低空经济活动的关键载体,当前地面基础设施的主体是通用机场。2023年,我国通用机场达451个,已超过运输机场,但仍不能满足庞大的市场需求。要在"扩数量、提质量"上一并下功夫,结合新型城镇化建设,显著增加超大城市、特大城市、大城市的通用机场数量。与此同时,提升通用机场的数字化、智能化、信息化水平,优化服务品类,也是提高管理效率的重要因素。各地都在建设无人机起降点,编制相关规范。

与机场相关的塔台、信标、导航、气象、监测、监视、供油、地面服务等行业,以及衔接飞行审批、空域备案,飞行人员培训等行业也在编制相关技术标准和规范。

低空通信领域、5Ga 技术、星链技术将成为重要技术。近期,5Ga 技术将成为无人机互联的主要通信方式。雷达技术也是应用最为广泛的技术。预计到 2025 年,我国低空监测雷达行业的市场规模将达到 25.6 亿元。雷达按用途可分为预警雷达、监测雷达、气象雷达和航行管制雷达等,其中低空监测雷达主要用于检测无人机、飞行器和其他低空飞行物体,应用范围包括军事、空中保安、空中探测、空中娱乐等。

根据市场调研网发布的《2023—2029 年中国低空监测雷达市场现状研究分析与发展前景预测报告》分析,我国低空监测雷达行业的市场规模在过去几年中呈现出良好的发展态势,年均增长率达到了 7.2%,市场规模达到了 14.8 亿元,并且在未来几年呈现出良好的发展趋势。

管理保障软件可分为空域管理系统和机场管理系统,空域管理系统是空管人员实际用于管理空中交通运输的信息处理系统,主要由三层构成,即空域管理,空中交通流量、容量管理和空中交通服务。

目前,我国空域管理能力对比发达国家尚还不足,2019 年人均通用航空飞行量和人均通用航空器拥有率仅为全球平均水平的 15% 和 4%。空域管理主要由军方负责牵头,侧重于安全管理,尚未建立低空空域飞行安全、效率与经济性、公平性的全面评估机制;基础设施缺乏整体规划与布局建设。

3.3　产业链下游:低空运营与维护

低空运营是一个多方面、多层次的综合性经济活动,它不仅涉及航空器的应用,还包括了产业链的建设、市场的拓展及政策法规的完善。随着技术的进步和市场需求的增长,低空运营有望成为推动未来经济发展的新动力,其主要内容如下。

（1）低空飞行活动：这是低空运营的核心，包括有人驾驶和无人驾驶的航空器在低空空域内进行的载人、载货及其他各种作业飞行活动。这些活动不仅涉及飞行操作，还包括飞行前的规划和飞行后的数据分析等。

（2）飞行器维护：低空经济的发展离不开先进的航空器，这包括但不限于无人机、垂直起降型飞行汽车等，这些航空器的维护和升级是低空运营的重要内容之一。

（3）保障服务：为了确保低空飞行活动的安全和效率，需要有完善的地面支持系统，如飞行监控、空中交通管理、气象服务等。

（4）法规与政策制定：随着低空经济的发展，相关的法律法规和政策也在不断完善，以规范和指导低空飞行活动的健康发展。

（5）市场开发与应用：低空经济的应用场景非常广泛，包括农业、城市管理、环境监测等多个领域。开发这些市场并探索新的应用场景是低空运营的重要内容。

（6）旅游项目开发：利用低空飞行器开展旅游观光项目，为游客提供独特的体验服务。

低空运营还包括以下几个领域。

（1）低空物流：利用无人机等航空器进行货物的快速配送，特别是在偏远或难以到达的地区，低空物流可以大大提高效率和降低成本。

（2）飞行驾照培训：随着低空经济的兴起，越来越多的人需要接受飞行训练，以获得驾驶无人机或其他低空飞行器的资格。

（3）医疗救护：在紧急医疗救援中，低空飞行器可以迅速将医疗人员和设备运送到现场，或者将患者快速转移到医院。

（4）低空旅游：提供空中观光服务，让游客体验从空中俯瞰风景。

（5）航空摄影：在地理测绘、电影拍摄、新闻报道等领域，低空飞行器可以提供独特的视角和高质量的影像资料。

（6）空中巡查：用于监测森林火灾、边境安全、交通监控等，提高响应速度和监控效率。

这些行业都是低空经济的重要组成部分，它们的发展不仅能够推动低空经济的增长，还能为人们的生活带来便利和新的服务体验。随着技术的进步和政策的支持，低空经济的下游行业有望继续扩展和深化，为社会经济发展贡献新的动力。

第 3 章 低空经济产业链分析

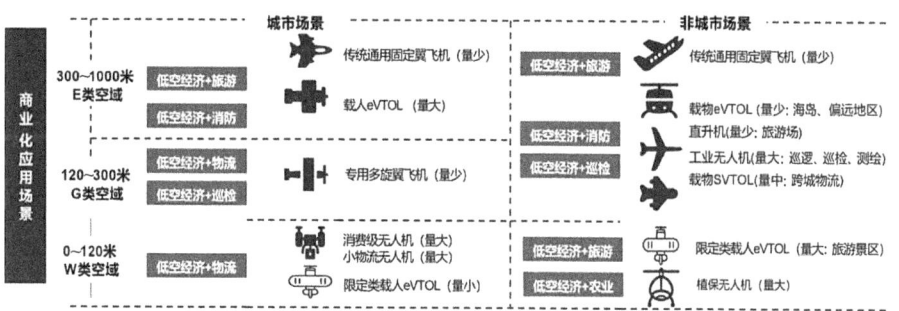

低空飞行器商业化应用场景

第 4 章
低空航空器产品特征与技术要求

4.1 低空航空器的适用市场

民用空中运输路径一般分为：干线、支线、末端三段。

干线航线一般指 1 000 千米以上的运输航线，支线一般是 100~1 000 千米的运输航线，末端指 100 千米以内的航线。

低空飞行是指在城市中（或城市间）用于客运或者货运的、安全高效的有人驾驶或无人驾驶的空中交通工具系统，专注于城市区域内或城际中短途运输，在高度低空或 100~3 000 米低空空域飞行。

eVTOL 飞行器将成为城市空中交通的主要工具，因为它具有垂直起降、采用清洁能源、低噪声和低成本等特征，为解决大城市交通拥堵、缓解资源紧张、推动航空业向低噪声和零排放转型开辟了全新思路，具备成为低空经济工具的潜力，是低空经济的首选工具[13]。

4.2 eVTOL 航空器的产品特征

eVTOL 航空器的产品技术特征如下[14]。

（1）环保性：电动化是新型飞行器的重要特点，在低空经济行业采用的电动飞行器由电池提供动力，与使用传统能源（航空煤油或航空汽油）相比，不会产生有害尾气及温室气体，提高了飞机的环保性（节能 60%、减排 90%）。

（2）高效率：eVTOL 飞行器不依赖于跑道，可在城市内部进行起降，减少对基础设施的要求;同时,相比传统直升机而言,eVTOL 的飞行速度更快,将更符合空中载人出行的效率需求;可以垂直起降和在空中悬停,可直接使用直升机场或任何垂直起降场,灵活性高,且可远程驾驶或自动驾驶,操作轻松。

(3) 高安全:分布式电推进技术是 eVTOL 飞行器的另一技术特点,eVTOL 具有多台独立可靠的动力系统提供安全冗余。

(4) 低噪声:eVTOL 电力驱动没有引擎噪声,旋翼直径与直升机相比都更小,在巡航飞行时,噪声较低,不对周边环境产生影响。电机驱动噪声低于燃油发动机,可降噪 65%。

(5) 低成本:eVTOL 的整体结构相对简单,相比传统飞行器,其制造成本、运营成本和销售价格都低很多。长期运营价格和出租车类似,可成为现有共享出行交通工具的补充。运维成本更低,采用充电装置而非燃油,燃料成本大大降低(相当于同等载重燃油飞机的 20% 以下)。

(6) 智能化:eVTOL 采用更智能的计算控制,减少了复杂的控制操作,可以简易飞行,未来降低飞行员的培训要求及降低日常飞行的工作量。载人自动驾驶飞行器(autonomous aerial vehicle,AAV)可实现大载重、远程异地控制和自动驾驶,不需要专业的飞行员,应用场景更为广阔。

4.3 主流 eVTOL 构型

全球的 eVTOL 目前都处于研发阶段,存在不同的技术路线和构型区别。从外观构型上,大致可以划分为多旋翼、复合翼、倾转旋翼三种构型。

根据航空产业网统计,全球 eVTOL 制造商目前主要分布在美国、中国、德国、法国、日本和英国等,累计占据了 80% 以上的市场份额。当前,eVTOL 企业主要分为两类:一类是传统飞机和汽车行业巨头,如空中客车公司、巴西航空工业、丰田、吉利等;另一类是初创企业,如美国的 Joby、Archer、Wisk、Beta、ZeroAvia、Wisk、Jaunt,德国的 Volocopter、Lilium,以色列的 Urban Aeronautics,英国的 Vertical Aerospace,欧洲的 Airbus,日本的 Skydrive 等,以及我国的亿航智能、峰飞航空、沃兰特、沃飞长空、时的科技、小鹏汇天、御风未来、零重力飞机等。

截至 2023 年 7 月,飞行器的整体布局如下:

(1) 垂直起降固定翼(复合翼)占比为 47%,如沃兰特的 VE25、零重力的 ZG-VC2、峰飞航空的盛世龙、沃飞长空的 XB-12 等；

（2）矢量推力（倾转旋翼）布局占比 38%，如时的科技的 E20、零重力的 ZG-T6、沃飞长空的 AE200；

（3）多旋翼布局占比 15%，如亿航智能的 EH216-S、小鹏汇天的旅航者等。

不同构型的 eVTOL 飞行器的升力原理、性能表现与适用场景各有不同，简述如下。

（1）多旋翼构型：该类飞行器没有额外组件，结构轻便、设计相对简单、制造成本较低，是技术发展最为成熟的构型之一，但航程、速度和有效载荷表现一般。

（2）垂直起降固定翼/复合翼构型：在最大程度上保留了传统固定翼飞机的特征，机舱布局更灵活。在悬停和低速飞行时，飞机以垂直起降模式运行；当速度增加到一定程度时，旋翼转速会降低，直至停止运转，与此同时，机翼逐渐加入使用，并完全承担升力，此时向前的推力由螺旋桨系统承担。复合翼构型可以实现较高的飞行速度，而且降低了振动水平，提高了机动性；但同时也存在结构重、阻力大的缺点。

（3）矢量推进/倾转旋翼构型：目前，该构型能够兼具效率和成本，同时也是研发难度较大、机械设计非常复杂的机型。飞行器配备了可倾转电驱动组件，可通过改变推力方向来实现垂直起降或巡航。在垂直起降模式下，执行垂直起飞和降落、悬停和低速飞行；当飞行速度达到一定水平时，旋翼沿着发动机舱（或机翼）倾转到水平位置，旋翼变为推进螺旋桨，飞行器以固定翼飞机模式进入高速飞行。为了平衡悬停性能和高速飞行性能，旋翼需要兼顾多个场景，因而其悬停效率低于多旋翼和复合翼，但在垂直飞行、高速巡航等方面表现良好。

eVTOL 飞行器的主要构型及性能[15]

性能	多旋翼	复合翼	倾转旋翼
旋翼系统功能	垂起时提供全部升力，巡航时提供全部拉力和升力	垂起时一部分旋翼提供升力，巡航时另一部分旋翼提供拉力	垂起时所有旋翼提供升力，巡航时部分旋翼或所有旋翼提供拉力
设计特点	分布式旋翼设计，旋翼同时工作，无机翼等翼面，完全通过旋翼实现垂直起降和巡航	设计直接简单，有机翼，通过独立的垂直旋翼动力系统和推进动力系统提供升力和巡航推力	有机翼，通过矢量推进装置进行矢量变换，既可以为飞行器提供升力也可以提供推力

续 表

性 能	多 旋 翼	复 合 翼	倾 转 旋 翼
巡航速度	60~100 km/h	150~200 km/h	250~320 km/h
优点	研发难度低	研发难度中等,较低的研制风险和成本	气动效率高、飞行速度高,航程和有效载荷有明显优势
缺点	有效载荷和航程都相对有限 飞行速度慢	制造成本高,两套动力系统,载重效率低	技术难度大
应用场景	小景区低空旅游	物流运输、应急救援、大景区低空旅游、城际及城市空中出行	物流运输、应急救援、大景区低空旅游、城际及城市空中出行
国内外代表厂商	亿航 Volocopter	峰飞航空 EVE	时的科技 Joby

倾转旋翼构型结合了多旋翼和复合翼的功能,旋翼既提供升力也提供巡航推力、动力单元可复用、飞行速度快、载重比高、整机性价比高、适航条款比较清晰,具有较好的运营经济性,在商业场景中应用更有优势。2023年,多家企业倾转旋翼构型机型有了标志性进展。

2023年10月26日,时的公司自主研发的E20 eVTOL完成首轮飞行测试,标志着E20 eVTOL的设计、研发、制造、飞行的全面贯通。

2023年12月1日,中国民航局发布《关于就沃飞长空AE200-100型电动垂直起降航空器型号合格审定项目专用条件征求意见的通知》,表明该型eVTOL飞行器的适航审定工作的审定基础已初步具备,向着获得型号合格证的方向稳健前行(AE200为一款5~6座级倾转动力纯电动垂直起降飞行器)。

2023年12月29日,沃飞长空AE200适航技术验证机实现首飞。2023年11月,零重力公司的倾转旋翼ZG-T6缩比机完成公开试飞。2023年11月1日,陕西化羽先翔智能科技有限公司宣布其研发的"鸿鹄"eVTOL缩比技术验证机,于2023年10月31日在西安航天通用机场试飞成功。"鸿鹄"是我国首架试飞成功的六旋翼全倾转eVTOL飞行器。

2023年12月25日,小鹏汇天宣布其倾转翼技术验证机完成垂起、悬停试飞,该验证机并非最终构型,主要用于倾转、飞控及气动性能等技术的验证,目前已经完成了全机电气系统铁鸟试验、小比例验证机飞行试验、静力试验、地面共振试验、动力系统全功率运行试验、地面及空中系留运行试验

"鸿鹄"eVTOL 飞行器

等。同时,该倾转翼技术验证机已于 2023 年 12 月 20 日获得中国民用航空中南地区管理局颁发的特许飞行证。

4.4　eVTOL 构型比较分析

目前,市面上流行三种 eVTOL 构型:多旋翼、复合翼、倾转旋翼(矢量推力),其中复合翼最为受欢迎(升力+巡航构型)[16]。

顾名思义,复合翼指升力和巡航分别有单独的推进系统,即既有升力旋翼,也有巡航螺旋桨。

由于升力旋翼和巡航螺旋桨是完全分开的,因此该构型能够有完全不同的特性,如不同的桨尖速度和桨盘直径,以便在其相应运行条件下获得最佳性能。使用多个升力旋翼来提供冗余并消除单点故障模式,一半的旋翼向一个方向旋转,另一半朝相反方向旋转,以平衡作用在飞机上的反作用力矩。

由于起飞和着陆是通过旋翼提供升力来完成的,因此可以减少机翼面积,采用高展弦比的机翼设计,同时也减轻了重量。

从桨盘负载计算可以看出,采用几个较大升力旋翼进行悬停会更节省能量。但是,采用多个较小的分布式升力旋翼设计也有其优势。当一个或

第4章 低空航空器产品特征与技术要求

	倾转旋翼						
代表企业	时的科技(E20)	沃飞长空(AE200)	零重力(ZG-T6)	华羽先翔(鸿鹄)	倍飞智航(TW-5000)	追梦空天	小鹏汇天
翼展	12 m	14.5 m	17 m	13 m	—	—	—
座位数	5座	5座	6座	5座	5座	5座	—
巡航速度 最大速度	260km/h 320km/h	250km/h	250km/h	280km/h	—	—	—
研发状态	原型机飞行测试	原型机飞行测试	缩比机	缩比机	缩比机	缩比机	缩比机
适航阶段	载人型号合格证(TC)提交申请	载人TC提交申请	—	—	—	—	—

	复合翼					多旋翼		飞行汽车
代表企业	峰飞(盛世龙)	峰飞(V2000CG)	沃兰特(VE25)	御风未来(Matrix1)	亿维特(ET9)	亿航(EH216)	零重力(ZG-ONE)	小鹏汇天(分体汽车)
翼展	16 m	15 m	16 m	—	—	6 m	5.9 m	—
座位数	5座	—	6座	5座	5座	2座	2座	2座
巡航速度 最大速度	160km/h 200km/h	160km/h 200km/h	160km/h 200km/h	180km/h 200km/h	160km/h 200km/h	90km/h 105km/h	75km/h	—
研发状态	原型机飞行测试	已取证	原型机试飞测试	原型机飞行测试	原型机飞行测试	已取证	原型机飞行测试	分体式多旋翼飞行测试
适航阶段	载人TC申请受理	获得载物TC	载人TC申请受理	载物TC申请受理	未受理	获得载人TC；获得生产许可证(PC)；获得单机适航证(AC)	未受理	分体式多旋翼部分TC申请获受理

倾转旋翼构型比较分析

（资料来源：头豹科技）

多个旋翼发生故障时，在推重比足够的情况下仍然可以维持姿态平衡。例如，四轴八旋翼单旋翼失效可以通过减小与故障旋翼相反象限的推力来实现。

随着布置在不同方位的旋翼数量增加，单旋翼占总体推力比重将不断减小，此时任何一个旋翼的损失对总体推力的损失影响也将不断变小。但是，过多的升力旋翼数量将提高系统的复杂性并导致发生故障的可能性越来越大，同时也将增加整机成本和重量，因此旋翼数量设计必须取得多因素平衡，纯多旋翼飞行器设计也是如此。

未来已来——我国低空经济的机遇与挑战

复合翼多旋翼分析

(资料来源:头豹科技)

一项研究(Bacchini 和 Sastino)表明,在航程为 7 千米时,多旋翼 eVTOL 飞行器的能量消耗最佳;航程为 30 千米时,复合翼最佳;航程为 100 千米时,推力矢量 eVTOL 飞行器最佳(如 Joby S4 或 Lilium Jet)。

复合翼的缺点就是,当巡航时,升力旋翼携带了额外重量,增加了巡航阻力。科研人员试图解决这些问题,提出了许多解决巡航旋翼阻力的方案。

第一个方案是使用螺旋桨收回系统。针对螺旋桨伸出和缩回的效能对比,在风洞中进行测试。结果表明,将螺旋桨缩回机身可使寄生阻力降低 38%。

收纳隐藏旋翼

带有螺旋桨收回系统的载人 eVTOL 飞行器可以在相同的航程范围内将巡航速度提高 21%，或者在相同的飞行速度下将航程增加 13%，其缺点就是收回系统的存在增加了整体复杂性。

第二种方案是采用旋翼机翼。在该机翼系统中，在垂直起降（vertical take-off and landing，VTOL）状态，旋翼通过旋转产生升力，在巡航阶段或在不需要旋翼工作时将其固定在机翼上。Joby Lotus 使用过这种机翼，但该旋翼机翼只能用于机翼边缘。

第三种解决方案是将旋翼嵌入机翼内。

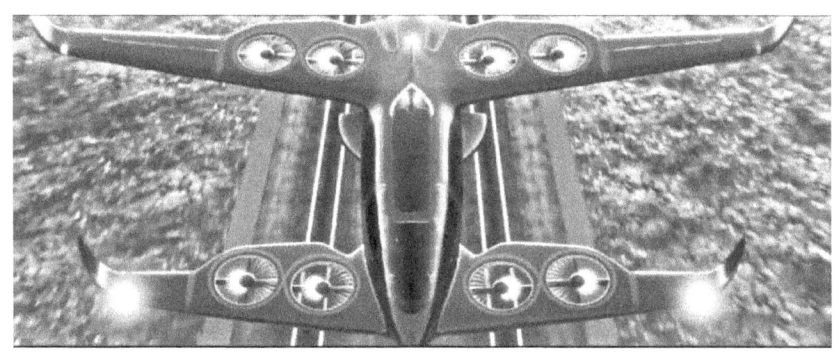

机翼涵道示意图

这种构型的嵌入升力旋翼的机翼进气口是开放的，旋翼腔边缘的机翼上的唇缘曲率对性能起着重要的作用。研究表明，在旋翼风扇涵道前面的

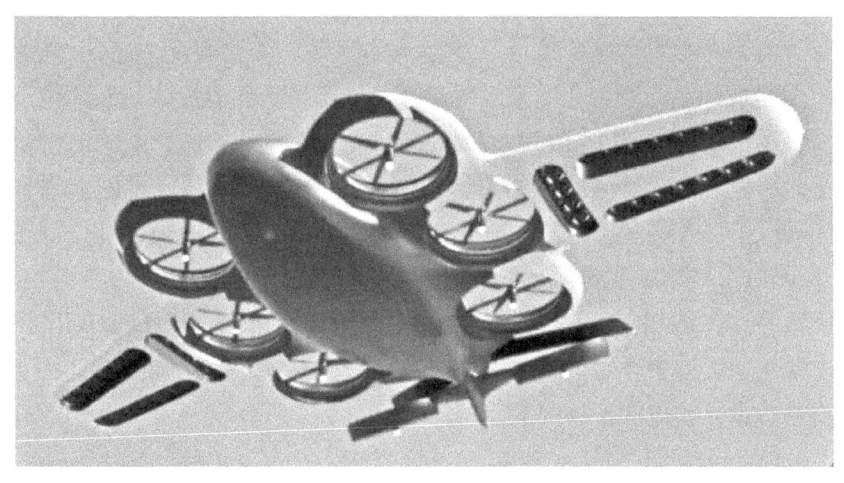

旋翼风扇涵道示意图

机翼下侧的台阶可以将所有正迎角的升阻比提高 25%。台阶的不同尺寸和倾斜度对表面压力分布的具有一定影响,可以通过优化这些参数来优化升阻比。

还有一种构型就是使用涵道风扇作为升力旋翼的选项(不嵌入机翼)。涵道风扇在悬停模式下的效率更高,但在巡航模式下会产生更多阻力。

4.5 eVTOL 飞行器研发的关键技术

低空经济作为前沿新兴产业,有赖于更多的感知手段、更高性能的机载计算机、更智能的算法、更高效的能源驱动方式和更轻便的机载航电设备,因此也是一个跨界融合的领域。

1. 高功重比的推进技术

基于大载重、长航程、高功率及高可靠性要求,eVTOL 飞行器依赖于高功率密度动力装置,为飞行器提供部分或全部升推力,并能有效解决传统动力装置带来的噪声和环境污染。目前而言,以电动化驱动的电推进技术是 eVTOL 的核心技术,决定了飞行器的动力、效率等关键性能指标。

2. 高能量密度的新能源技术

能源系统是指 eVTOL 飞行器的供能及输配电系统,其性能从根本上决定了飞行器的续航时间、航程及运营成本。纯电力能源系统仅由电池为 eVTOL 电驱动动力装置和电子机载系统提供能量。电池性能是制约电动飞机发展的关键因素,长寿命、高能量密度、高功率密度和快速充放电电池技术是未来电动飞机亟待解决的关键技术,将直接影响电动飞机的航程和续航时间,起飞、着陆和爬升阶段的效率及快速充电能力。而与传统飞机输配电系统不同,eVTOL 供电系统往往使用高压直流电源,面对新的、日趋复杂的负载特性,对配电系统及热管理技术提出了更高的要求。eVTOL 飞行器供电系统面临的多种约束条件(如重量、体积、飞机推进系统负载变化等)是配电系统设计的重要影响因素。

3. 总体设计技术

得益于分布式推进系统,eVTOL 飞行器的布局不同于传统飞机和直升

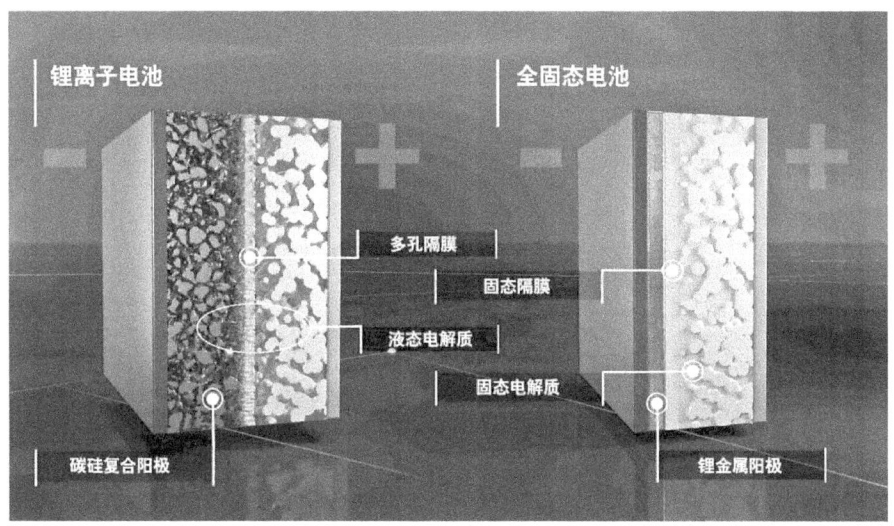

高密度液态与固态电池原理

机,减少了大量的机械传动和舵面控制系统,采用翼身融合布局、分布式推进系统,优化了飞机气动特性,改善了飞机飞行性能。同时,eVTOL 飞行器更多地采用轻量化设计,以提升商载能力。

分布式推进系统布局等新型气动布局技术可优化飞机气动特性,以改善飞机飞行性能;开展轻量化、高可靠、低成本的先进复合材料结构设计和制造技术研究,是 eVTOL 不同于消费级无人机和军用无人机的关键。在材质选择上需要考虑更多的轻量化设计,以提升商载空间。好的设计往往决定了飞行器的巡航效率、飞行速度及航程。

4. 飞行控制技术

飞行器的控制需要进行模型仿真搭建、控制律设计、飞控系统设计和底层软硬件设计等,由于 eVTOL 的分布式动力系统布局,加上新颖独特的驾驶操纵逻辑等特征,eVTOL 飞行器需考虑采用高精度、高可靠的飞行控制技术。随着控制技术的发展,eVTOL 飞行器也将从电传飞控到自动飞行,甚至实现自主飞行的终极目标。

由于 eVTOL 大多采用单驾驶员甚至未来无人驾驶模式,在实现电传飞控的基础上,基于飞行自动化技术来降低飞行员必须具备操控飞机的技能要求,使得飞行器能够在空中不确定的环境条件下实现简易操控、安全飞行。

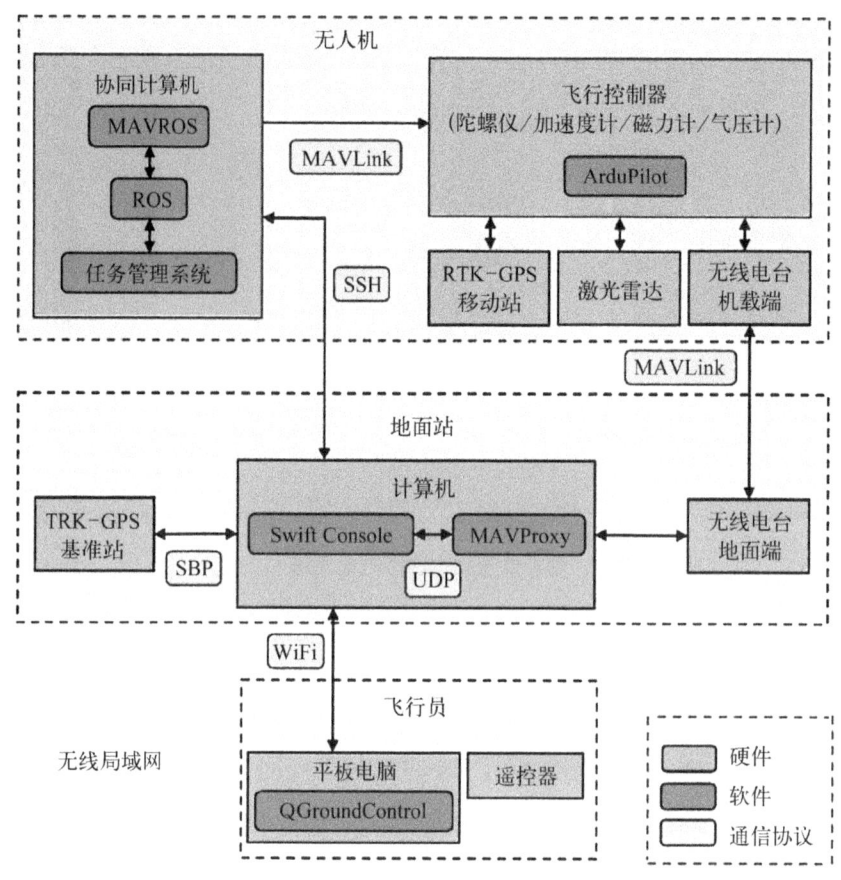

无人机飞行控制系统原理

5. 小型化集成航电技术

小型化集成航电系统是 eVTOL 的关键技术。它是指将航电系统的各个功能模块,如传感器、控制器、显示器等,通过微型化、模块化、通用化、智能化的设计,集成在一个或几个紧凑的硬件平台上,从而提高航电系统的性能、可靠性、安全性和灵活性,同时降低航电系统的重量、体积、功耗和成本。小型化集成航电系统的发展方向主要从模块化、通用化和智能化三个方面考虑。

模块化技术:利用模块化技术,将航电系统的各个功能模块,如导航、通信、监控、控制等,设计成标准化、可互换、可重用的模块,从而实现航电系统的快速组装、配置和维护,提高航电系统的适应性和可扩展性。

通用化技术：利用通用化技术，将航电系统的硬件平台和软件平台，设计成通用的、开放的、兼容的，从而实现航电系统跨平台、跨领域、跨系统的应用，提高航电系统的互操作性和兼容性。

智能化技术：利用智能化技术，将航电系统的数据处理、信息融合、决策支持等，设计成智能的、自适应的、自主的，从而实现航电系统的自动化、智能化、人性化的管理和控制，提高航电系统的效率和安全性。

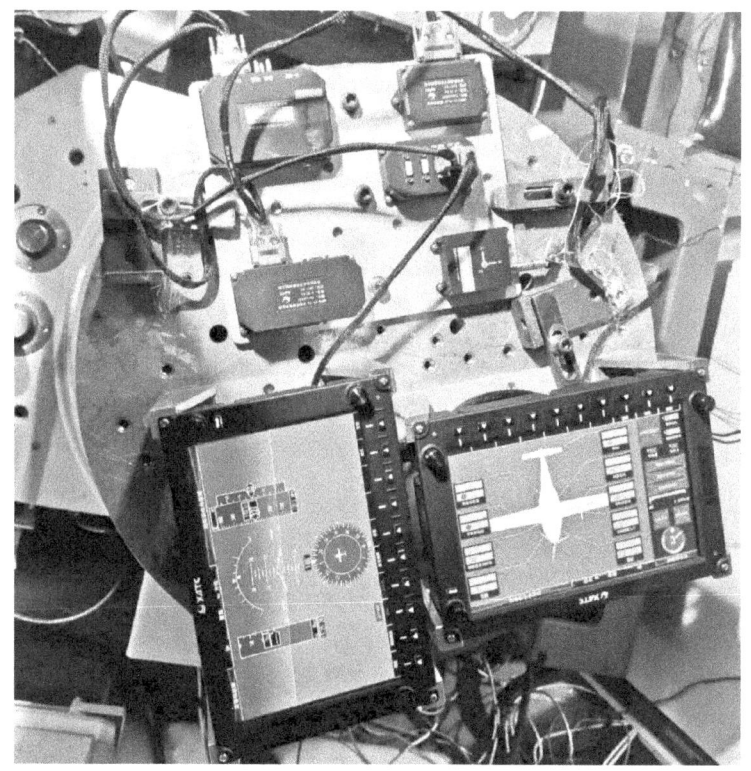

小型通用航电系统

4.6　eVTOL 动力系统分析

eVTOL 能否应用落地的主要性能指标之一就是续航能力。动力系统是 eVTOL 产品的关键，提高电池能量密度是动力系统的关键。eVTOL 飞行器作为新一代航空革命性飞行器，集合了新概念、新能源、新材料、新技术，此类飞行器的出现在很大程度受益于电池储能技术的发展。按照动力模式的不同,eVTOL飞行器可分为全电动、混合动力两大类,其中全电动类别包括锂电池、氢燃料电池、太阳能电池三种,混合动力类别包括锂电池+氢燃料电池、锂电池+燃油两种。

电池有两项关键指标与eVTOL飞行器的综合性能密切相关,一是能量密度,二是功率密度。相对而言,电池功率密度(即单位质量电池的放电功率)是eVTOL飞行器更为关键的性能指标,决定了其是否可以安全起飞和着陆;另外,能量密度(电池平均质量所释放出的电能)在一定程度上决定了eVTOL飞行器的航程范围,目前300 Wh/kg的能量密度可以维持200~300 km的航程。根据亿航智能公司官网信息,一般情况下,电池重量约占自动驾驶飞行器空重的1/3,那么如何提高能量密度、减轻电池重量则成为关键。以亿航智能EH216-S为例,其最大起飞重量为620 kg,最大载客2人(不超过220 kg),粗略计算其配备的电池重量约为133 kg,如果现有的电池能量密度能提升1倍,理论上其载客量还可增加1人。

在电池能量密度方面,eVTOL飞行器在垂直起飞阶段所需的动力商用门槛高达400 Wh/kg,且未来能量密度要求还会达到1 000 Wh/kg,远高于当前车用电池的能量密度。目前,国内eVTOL飞行器使用的电池能量密度最高已达到285 Wh/kg。2023年4月,宁德时代发布了凝聚态电池,能量密度最高可达500 Wh/kg,兼具高比能和高安全的特性;此外,宁德时代也在进行民用电动载人飞机项目的合作开发,执行航空级的标准与测试,满足相关安全与质量要求,还将推出凝聚态电池的车规级应用版本。在充放电倍率方面,eVTOL飞行器的整个飞行过程需要经历起飞、巡航、悬停等多个阶段,其中起降环节要求电池的瞬间充放电倍率在5C以上。目前,业界提高电池能量密度的方式主要是采用固态或半固态的技术路径,但在带来更高能量密度的同时,也将带来更大的电池膨胀、表面压力及风险,相关技术仍需要不断研究和完善。

1. 飞行器的动力系统概览

飞行器的动力系统是决定其性能和应用场景的关键因素。当前,主流的飞行器动力系统主要包括燃油、纯电、混动及氢能源四种类型,各自具有独特的优势和局限性[17]。

(1)燃油:作为传统的动力来源,长久以来一直是飞行器的主要选择。它依赖内燃机技术,通过燃烧燃油产生能量,推动飞行器运行。燃油动力系统以其高能量密度和成熟的技术,为飞行器提供了长时间的飞行能力和可靠的运行保障。但同时,燃油消耗产生的排放物对环境造成了一定压力,另外燃油的储存和运输也存在一定的安全风险。

(2)纯电:依托电池与电推力系统,为 eVTOL 飞行器带来零排放、低噪声等显著优势。然而,电池技术当前限制载重与航程,长距离飞行仍是挑战。但随着固态电池、锂金属电池等技术的突破,纯电系统的应用前景愈发广阔。如今,纯电动力已广泛应用于小型无人机和轻型飞行器,并展现出巨大潜力。展望未来,随着技术进步与成本降低,纯电推进系统有望助力航空业迈向更环保、高效的新时代。

(3)混动:结合燃油发动机和电动机的优势,通过智能管理两种动力来源,旨在提升航程、降低环境影响,并增强飞行器的性能。当前,混动技术在航空领域的应用虽然处于初期阶段,但已经在航程和噪声降低方面展现出显著优势。随着技术的不断进步和政策的支持,混动动力系统有望成为城市空中交通和短途运输的理想选择,并作为向全电动飞行器过渡的重要技术。

(4)氢能源:作为一种清洁能源解决方案,正逐渐成为航空领域研究的热点。这种系统利用氢气作为能源,通过燃料电池将氢的化学能转换为电能,为飞行器提供动力。氢能源的优势在于其极高的能量密度和零碳排放特性,有助于实现航空业的绿色转型。然而,当前氢能源技术面临的关键挑战包括氢燃料的生产、储存和运输成本,以及相关基础设施的缺乏。随着技术突破和政策推动,氢能源动力系统有望成为航空业可持续发展的关键技术之一。

2. 低空航空器动力系统的技术路线

2024年3月27日,工业和信息化部等四部门联合发布《通用航空装备创新应用实施方案(2024—2030年)》,标志着通航领域的顶层设计出台,其中涉及动力方案的表述包括以下内容:

(1)明确以电动化为主攻方向,兼顾混合动力、氢动力、可持续燃料动力等技术路线;

(2)建设"干—支—末"无人机配送网络;推进大中型固定翼飞机;支持加快支线物流、末端配送无人机研制生产并投入运营;

(3)持续推动 100~200 kW 活塞发动机的批量交付,实现市场规模应用;

(4)开展 400 kW 以下混合推进系统研制。对于支线物流运输,混动更具可行性。

　　空中载货运输路径分为干线、支线、末端三段,干线多指 1 000 km 以上,支线一般是 100~1 000 km,末端指 100 km 以内。在支线场景下,采用混动或燃油更加合适,原因包括:① 航程较远;② 虽然发动机噪声大,但是多在郊区飞行,对居民影响有限。对于末端场景,纯电更加适合,因为补能更加方便,而且噪声小,不影响居民。

　　3. 混合电推进技术应用分析

　　混动电推进是航空工业的重要研究方向。在航空业,电推进技术的探索由来已久,电推进技术的主要优势如下:

　　(1) 无排放,应对全球环境绿色发展;

　　(2) 相比燃油动力,电推进动力系统架构更简化,为预测和排除故障带来便利,并拓展了飞行器设计的自由度;

　　(3) 电推进的动力架构多采用分布式,理论上更具安全冗余;

　　(4) 分布式电推进可将动力分散到飞行器的各个主要结构上,并改变了机体周围流场,提高了气动性能。

　　电推进技术主要面临的问题如下:

　　(1) 续航时间短,目前纯电动飞机的极限航程普遍小于 300 km,限制使用场景;

　　(2) 众多新构型产生,技术应用不明朗,缺少相关设计标准规范,带来安全性挑战;

　　(3) 技术路线差异大,导致适航认证难度较高,缺乏针对性的适航条款。目前来看,在技术方面有众多企业在积极探索,适航认证方面也有更规范的标准和经验;唯独在续航上,受制于三电(电机、电控、电池)的技术瓶颈,续航时间和功重比有待提升。基于此,在续航里程上占据优势的混合电推进技术成为重要的发展方向。

　　混合电推进,是指通过传统发动机带动发电机发电,为分布在机翼或机身的多个电机/螺旋桨提供电力,并由电机驱动螺旋桨提供绝大多数或全部推力(发动机可部分提供或不提供推力)的新型推进系统。此系统的设计可以提升飞行器单种动力在宽工况下的效率,因而能够大大提高飞行器的续航时间。现有技术条件下,油电混合电推进的能量密度有较明显的优势。研究表明,油电混合电推进能量密度是纯电池的 3 倍以上,且混合电推进工作时,在燃油不断消耗的情况下,混合电推进系统的综合能量密度还会进一步提高,而电池的重量则不会随着电量的减少而降低。

海外各国均陆续开展了航空混合电推进系统研究。美国、俄罗斯等国家将分布式混合电推进系统视为有潜力在2030年后投入使用的、极有前景的航空动力解决方案。例如,波音、空客、西门子等公司都已经在政府科研计划支持下开展混合电推进系统研究。

国内大多数整机厂选择走纯电技术路线,但航程普遍仅在30～250 km,使用场景和便利性受到很大限制。尤其是多旋翼方案,飞行器的续航焦虑比电动车更严峻,例如,亿航EH216－S续航25 min或30 km。通过混合动力技术,有望在未来解决部分航空器电动化过程中的"里程焦虑"问题。

海外众多eVTOL公司选择混动方案,可实现400 km以上航程,如美国Elroy Air公司的Chaparral C1续航达483 km;韩国Plana公司的CP－01设计续航为500 km。混动技术有望与纯电长期并存:2023年,纯电和混动占比为7∶3;2024年,一季度占比为6∶4。在动力电池性能达到理想状态之前,混动技术将成为飞行器实现长续航里程的优选方案,未来,混动和纯电路线将长期并存。

混合动力装置示意图

4. 混动技术方案分析

1) 串联和并联的对比分析

混动垂直起降(hybrid vertical take-off and landing, HVTOL)飞行器由发

动机和电机结合驱动。依据发动机和电机的连接方式,可将混动类型划分为串联结构和并联结构。

（1）串联结构：发动机并不直接为飞机产生动力,而是驱动发电机用于电池供电,飞行器的直接动力完全来自电机。由于飞行器多采用分布式电驱动,即有数量众多的升力/推进桨,每个都由对应电机直驱,因此串联结构更加适用,因其不需要传动系统、结构简单、成本低,是主流方向。

（2）并联结构：发动机和电机可共同作用于推进器。在并联结构下,发动机与电机通过机械连接接入驱动系统,两个动力源根据不同的工作模式,分别进行驱动或者联合驱动。因此,并联式混合动力可在不同飞行阶段调节发动机功率,结合电机,可在短时间内提升推力性能,从而具备较优的飞行高度和速度推力。同时,综合调配燃油与电能,可高效利用能量,从而实现油耗的降低及航程或滞空时间的提升。

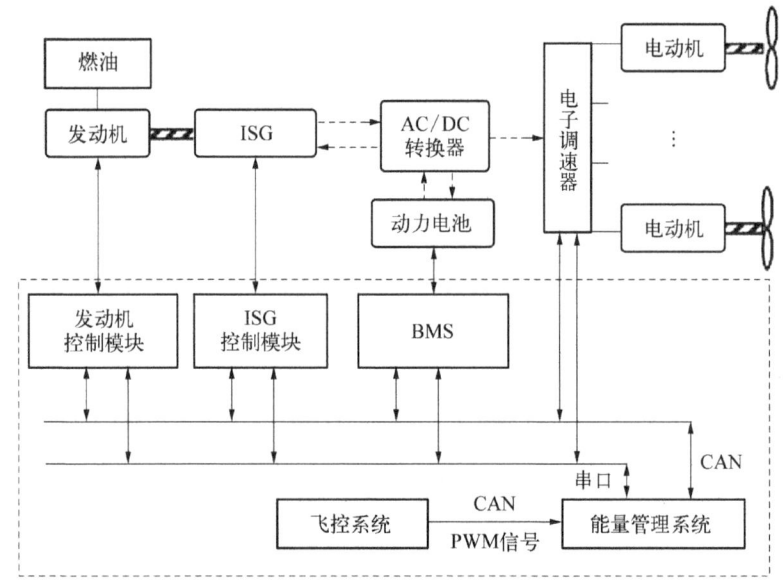

ISG 表示集成式智能启动驱动发电机；AC/DC 表示交流/直流；BMS 表示电池管理系统；CAN 表示控制器局域网络；PWM 表示脉冲宽度调制

混动串联结构示意图

2）活塞混动与涡轮混动比较分析

活塞发动机为往复式内燃机,其工作原理为活塞承载燃气压力,在气缸中进行反复运动,通过带动螺旋桨高速转动而产生推力。另外,活塞发动机一般由多气缸组合构成,以满足功率要求,从而带动曲轴和螺旋桨转动,以产足够动力。活塞式发动机具有功重比低(1 kW/kg)的缺点,但也有耗油率低、构造成本低等优势,可在满足动力的情况下装载更多汽油或有效载荷。因此,活塞式发动机适用于功率需求为200 kW内的通用飞机,已广泛用于支线航空物流运输、牧渔业飞行作业等领域。

活塞式混合动力装置

涡轮发动机分为四种基本类型,即涡轮螺旋桨发动机、涡轮轴发动机、涡轮喷气发动机和涡轮风扇发动机。上述发动机均包含压气机、燃烧室及驱动压气机的燃气涡轮三大部件,统称为航空燃气涡轮发动机。其中,涡轴/涡桨在低空领域有较好的使用场景,前者多用于直升机,后者多用于小型通航飞机;涡扇/涡喷主要用于民航及军用场景。

相比活塞发动机,涡桨/涡轴发动机有功重比高、零部件数量少、噪声小等特点,具备较长的滞空时间和较大的任务半径。而活塞发动机更具有低耗油、体积小、适用性好、制造成本低、有效负载能力高等优势。价格方面,涡轴发动机价格较高,每kW对应1万~2万元,即100 kW功率的涡轴发动机大约为200万元,而活塞发动机仅为20万~30万,经济性优势显著。

总之,活塞混动形式的经济性强,而涡轮混动形式性能卓越。

5. 混合电推HVTOL实例

1)牧羽天航空科技(江苏)有限公司

牧羽天航空科技(江苏)有限公司(简称牧羽航天)是一家历史积淀颇深

的飞行器研发制造企业,公司起源于 2004 年的奎柯机电航空事业部,从运动类载人飞机的复合材料部件开始逐步进入整机的研发制造,再到大型无人机和重载荷 eVTOL 飞行器的研发制造。牧羽航天采用油电混动的方式研发了两款大型货运无人机,即 AT1300 和 AT8000,起飞重量分别是 1.3 t 和 8 t,有效载荷分别是 400 kg 和 3 500 kg。

牧羽航天 AT1300

2) 纵横股份有限公司

纵横股份有限公司研发的 CW100 大载重中型无人机、CW40 长航时小型无人机均采用油电混动的动力模式+升力巡航(复合翼)的构型。其中,升力桨为电动,分布式的电动升力桨高效实现了垂直起降;起飞升力桨关停,

纵横股份有限公司研发的 CW100

转为固定翼+活塞发动机推进,活塞发动机也搭配了发电机。CW100 的任务载荷为 25 kg,带载续航能力 12 h。目前,业内纯电无人机续航时间在几十分钟到 2 h 不等,燃油/混动机型则可以达到十几小时,续航、载重优势突出。

3)Elroy Air:Chaparral C1(先锋)

Elroy Air 于 2016 年在旧金山成立,起初计划开展空中出租车的研制,后来转变到物流 eVTOL 方向。自成立以来,Elroy Air 已获得来自洛克希德·马丁、Shield Capital 等公司的超过 8 400 万美元的投资,并与美国军方、梅萨航空公司、布里斯托(Bristow)公司和联邦快递(FedEx)等建立合作关系。经历 7 年研发之后,Elroy Air 的涡轮发电机混动 eVTOL Chaparral C1 于 2023 年 11 月成功实现行业首飞。根据相关资料,目前 Elroy Air 公司的积压订单价值超 30 亿美元。

Elroy Air:Chaparral C1

Chaparral C1 有效载荷 136 kg,续航 483 km,不同于传统货运无人机和纯电 eVTOL,其融合了分布式电动推进和涡轮发电机电池架构,可实现有效载荷 136 kg,续航达 483 km,具备在没有充电基础设施的情况下执行远程货运任务的能力。Chaparral C1 配备自动装卸货系统,货物处理部分配置了一个模块化货物吊舱,整机具备全自主装卸货和飞行能力。

采用分布式电推进系统+"涡轮发电机-电池"结构,Chaparral C1 由电池和 150 kW 涡轮发电机供电,不需要充电基础设施即可执行远程任务。Chaparral C1 的涡轮发电机系统是其动力系统的核心组成部分,位于机身头部,其利用涡轮发动机驱动发电机,从而产生电力供应给飞机的电动推进器，使得飞机在没有跑道的情况下进行垂直起降，并提供额外的动力和冗余，以确保飞行安全。Chaparral C1 起飞时在电池和发电机电力的共同作用下承受大功率负荷，起飞后 15 min，发电机将电池充满电。

4.7　eVTOL 飞行器的运行成本分析

eVTOL 飞行器与其他交通工具的能耗参数比较如下。

eVTOL 与其他交通工具的能耗参数比较

参　数	燃油汽车	新能源汽车	直升机	eVTOL(Joby)
噪声/dB	45~60	40~50	100~120	小于 65
续航里程/km	500	450	600	250
平均速度/(km/h)	100	100	250	320
续航时间/min	300	250	145	45
载客/名	5	5	4~8	4~6
能源	汽油	电	煤油	电
单价/(元/km)	1.01	0.07	1.24	0.07

第 5 章
全球低空航空器研发状况

目前,全球发达国家都在相继出台鼓励空中交通产业的政策,以避免在 UAM 这条新赛道落后于人,美国、日本和韩国更是将其上升到国家战略层面。

据统计,目前全球有 55 个国家的 170 个城市/地区正在制定 AAM 和 UAM 航空服务计划。美国有 46 个城市/地区的 UAM 项目正在进行中,德国有 20 个,我国有 15 个,巴西有 13 个。

最初的 UAM 服务将于 2024 年在我国推出,美国、日本和韩国将在 2025 年推出具有不同 eVTOL 平台的 UAM 网络,并于 2026 年将 UAM 交通革命推向全球。

5.1 美国低空航空器的发展状况

美国白宫、美国联邦航空管理局(Federal Aviation Administration,FAA)等多次发布政策规划,支持 eVTOL 行业的发展。美国 eVTOL 行业还有一个显著特点就是涉及军事,例如,Joby 拿到美军 1.3 亿美金的订单,Archer 拿到 1.42 亿美金订单,以供美国国防部使用。整合政府资源和业界力量,驱动 eVTOL 飞行器技术和应用发展,是美国空军发起"敏捷至上"(Agility Prime)项目的初衷。从 2020 年 2 月至今,已有一批优秀企业通过该项目获得资助和支持,并有望在 2025 年初实现商用化。

美国在 eVTOL 赛道培育了一批优质上市企业,波音等传统航空巨头也深入布局产业。基于政策利好、空域开放、军民融合等各种因素,奠定了美国在低空经济产业领域的领先地位,美国代表厂商介绍如下。

1. Joby

2009年,Joby成立于美国,其研制的eVTOL飞行器Joby S4于2017年4月首飞,采用六倾转旋翼的构型。公司的发展战略专注于城市载人和城际通航市场,计划在2024年底或者2025年初取得适航证,并开始在洛杉矶、迈阿密、纽约和旧金山等城市率先开始商业客运。Joby是第一家在2021年通过特殊目的收购公司(Special Purpose Acquisition Company,SPAC)上市的eVTOL企业,也属于融资金额最多的公司,累计募资接近20亿美金。Joby与美国空军和NASA签订了飞行测试协议,2020年12月,参加美国空军技术创新中心AFWERX的"敏捷至上"项目,获得1.3亿美金的订单,并在2023年9月向美军交付了第一架飞机。2023年11月,Joby在纽约曼哈顿进行了演示飞行。

Joby S4

2. Arhcer

Arhcer于2018年成立,创建团队成员中包括原Wisk公司、空客公司及Joby公司的技术人员,于2021年通过SPAC的方式在纳斯达克上市。该公司的主要机型产品包括5座Midnight型号、2座Maker型号eVTOL。Maker于2021年底完成试飞,两个eVTOL型号都采用12发电机的倾转旋翼构型。公司发展战略专注于城市载人市场和军用市场,预计将于2025年在洛杉矶开始空中出租车运营,也是美国空军"敏捷至上"项目计划成员。5 座原型机午夜(Midnight)也于 2023 年 10 月进行了首飞。

Midnight 5 座原型机

3. Wisk

Wisk 前期是美国波音公司与 Kitty Hawk 公司的合资企业,2023 年被波音全资控股。Wisk 公司的第 6 代 eVTOL 采用倾转旋翼构型,前期的 5 代都是复合翼构型,于 2022 年下半年正式调整为倾转构型。同时,Wisk 致力于采用自主驾驶模式,专注于城市载人市场,希望将无人驾驶的 eVTOL 推向城市载人市场。与其他 eVTOL 公司相比,受限于美国目前不接受任何无人驾驶的载人 eVTOL 适航取证,Wisk 的商业化时间将比其他企业更长一些。

波音 Wisk

5.2 欧洲低空经济的发展状况

欧洲国家在低空经济产业的布局也较为领先,以法国、德国等欧洲国家为代表的未来交通产业发展迅猛。德国的 Lilium 和 Volocopter、英国的 Vertical Aerospace,都是 eVTOL 行业的领先企业。

1. Lilium

Lilium 于 2014 年成立于德国,主要机型包括 5 座和 7 座飞机产品,采用倾转涵道风扇构型。公司发展战略前期主要面向私人公务机领域,通过美国 Net Jets 公务机运营公司向私人用户销售分时共享产权;后期拓展至城市载人、货运物流市场;并计划于 2024 年在欧洲和佛罗里达率先启动商业运营。Lilium 于 2021 年 9 月 15 日通过 SPAC 的方式在纳斯达克上市。2023 年,在"第 54 届巴黎国际航空航天展览会"上,Lilium 正式宣布与深圳市宝安区政府签订合作备忘录,将在深圳建立中国总部,为大湾区提供全方位的 Lilium 飞机销售、售后服务及技术支持,并计划未来逐渐扩展到亚太区域。

Lilium 倾转涵道旋翼

2. Volocopter

Volocopter 于 2011 年成立于德国,主要机型为 2 座多旋翼构型。公司的发展战略是专注于城市载人和货运物流市场,计划先从有人驾驶开始,逐步过渡到无人驾驶,计划于 2024 年完成适航认证,在巴黎等首批城市推出空中出租车服务。公司获得吉利集团入股,其他股东包括戴姆勒、英特尔等。

Volocopter 示意图

3. Vertical

Vertical 于 2016 年成立于英国,主要机型产品是 VX4,为 5 座 8 套动力电机倾转旋翼构型。公司于 2022 年在美国通过 SPAC 的方式上市。Vertical 专注于城市载人和城际通航市场,预计将于 2026 年左右开始商业运营并实现盈利。目前,该公司获 1 400 架有条件的预定订单。

Vertical VX4

75

5.3 日韩低空经济的发展状况

日本在空中交通领域的布局较早,而且成效颇丰。日本政府颁布了《航空脱碳化新技术路线图》与《增长战略跟进计划》,丰田等日本知名车企也在低空经济领域进行了布局。

韩国政府提出了 UAM 概念,制定了一系列城市空中交通路线图及计划,以支持从 2025 年开始的初始商业 eVTOL 飞行器运营,预计早期使用案例包括前往济州岛的旅游航班。韩国现代汽车航空子公司 Supernal 于 2022 年 7 月在英国展示了 5 座 eVTOL 飞机的概念机型。除了自身的 eVTOL 厂商之外,韩国的投资机构也积极参与了中国、美国和欧洲等 eVTOL 厂商的投资。日本和韩国的代表厂商介绍如下。

1. SkyDrive

SkyDrive 的融资总额已超过 150 亿日元(1.12 亿美元),其研制的 SD-5 型 eVTOL 飞机设计采用多旋翼布局,该机将申请日本的适航审定并计划在 2025 年"大阪世博会"期间进行试运营。SkyDrive 的投资机构几乎涵盖了日本关键交通领域部门和汽车公司,包括 SCSK 公司、关西电力株式会社、近铁集团控股有限公司、铃木汽车株式会社、丰田铁工株式会社、日本化药株式会社等。

SD-5 型号 eVTOL 飞机

2. Supernal

Supernal 最初是作为韩国现代城市空中交通部门的一个内部单位而成

立的,并被指派负责开发一个名为 S-A1 的概念飞行器,其采用倾转旋翼构型,在城市和郊区航线上搭载 4~5 名乘客,其首次商业飞行预计在 2028 年进行。

Supernal S-A1 型飞行器

5.4 中国低空航空器的研发概况

　　正如新能源汽车的崛起,助力我国汽车工业完成"换道超车"式的跨越,更搅动了全国汽车工业地理格局的变迁,上海、广州、深圳、西安、合肥、重庆、常州等城市一路领跑。蓝天与地面之间,又一个万亿级产业正在崛起——低空经济。海南发布全国首张省域无人驾驶航空器适飞空域图,深圳市委召开专题会议研究部署低空经济发展工作,亿航智能获得全球首张无人驾驶载人航空器系统型号合格证。

　　目前,多地正积极抢抓低空经济产业密集创新和高速发展的战略机遇期、黄金窗口期,加快形成低空经济产业集聚效应和创新生态,向天空寻发展。《广东省制造业高质量发展"十四五"规划》提出,以广州、深圳、珠海为依托,突破无人机专用芯片、飞控系统、动力系统、传感器等关键技术,把无人机产业做大做强,推动其在物流、农业、测绘、电力巡检、安全巡逻、应急救援等主要行业领域的创新应用。

《上海打造未来产业创新高地发展壮大未来产业集群行动方案》中,"低空经济"是一大亮点,提出突破倾转旋翼、复合翼、智能飞行等技术,研制载人电动垂直起降飞行器,探索空中交通新模式。安徽芜湖发布《芜湖市低空经济高质量发展行动方案(2023—2025年)》,提出预计到2025年,低空经济相关企业数量将突破300家,低空产业产值达到500亿元。据不完全统计,2023年有16个省份将低空经济、通用航空等相关内容写入政府工作报告。仅2023年9月份以来,安徽、江西、海南、广东等多地举办了低空经济发展大会或论坛、研讨会[18]。

珠三角地区占据领头羊地位。工业和信息化部等四部门印发《绿色航空制造业发展纲要(2023—2035年)》,鼓励珠三角、长三角、环渤海、成渝等优势地区设立低空经济示范区。在全国范围内,低空经济产业迅速崛起,珠三角地区尤为突出,成为这一新兴产业的领头羊。特别是在广州、深圳、珠海这三大城市,低空经济的发展已成为引领地区经济转型的关键动力。三大城市中,除了珠海以"双航展"的优势脱颖而出,广州、深圳无一不是靠着工业实力、创新实力和消费实力出圈,广州黄埔区、深圳南山区又是各自城市的领跑者。亿航智能为广东拿下"全球第一证"并开启全球商业首飞。早在10多年前,广州开发区就在全国率先布局低空经济相关产业,建立起覆盖上中下游的完整产业链体系,完成从研发设计、生产制造到综合服务的全方位布局,形成诸多城市所没有的全产业链优势。

数据显示,目前广州开发区、黄埔区已集聚低空经济领域企业50家,年产值/营收规模约130亿元,其中专精特新"小巨人"13家、单项冠军3家、上市企业9家。这些企业涵盖上游的研发设计与原材料、零部件制造和集成,中游的飞控、导航、通信、任务载荷系统等重要组件制造环节,下游的物流、智慧城市管理等多场景应用与服务等环节,无论是产业规模之大还是产业链之完整,均走在前列。2023年10月,广州开发区、黄埔区在全市率先发布《广州开发区(黄埔区)促进低空经济高质量发展的若干措施》,对符合条件的低空产业项目奖补最高达3 000万元,推动低空经济发展。随后,广州开发区和黄埔区还成立了资金规模达100亿元的低空产业创投基金。多地实践表明,产业创投基金以"国有资本引导,撬动社会资本"的打法参与发展新兴产业,具有强大的"乘数效应"和引导效应,在撬动高密度社会资本、高科技创新项目和高端产业人才落地方面有着不可低估的作用[19]。

长三角地区蓄势待发：在长三角地区，低空经济正成为一个重要的战略性新兴产业。上海、南京、杭州和合肥等城市在这一领域展现出了显著的活力和潜力。2023年11月23日，上海市政府召开新闻发布会，就近期印发的《上海打造未来产业创新高地发展壮大未来产业集群行动方案》进行新闻发布。其中，低空经济成为一大亮点，上海市经济和信息化工作委员会相关人士表示，未来将在浦东、杨浦、闵行、金山、松江、青浦、崇明等区域打造未来空间产业集群。推动空天利用，突破倾转旋翼、复合翼、智能飞行等技术，研制载人eVTOL飞行器，探索空中交通新模式。聚焦智能机载、复合材料、新能源动力创新，研制超声速、翼身融合等新一代商用飞机，推动氢电池、氢涡扇等氢能飞机技术验证示范。

2023年6月，南京市发布《推进产业强市行动计划（2023—2025年）》，其中明确指出航空航天作为六大战略性新兴产业之一，致力于在产业发展的国内高峰竞争中占据一席之地。在此背景下，南京市的重点园区，如浦口高新区、空港枢纽经济区、白下高新区等，已经形成了各具特色、互补共生的产业发展格局。其中，浦口高新区于2020年获批江苏省唯一民用无人驾驶航空试验区之后，在无人机产业领域积极探索，构建了以"一中心、两平台"为核心支撑的无人机运行与管控体系，低空经济在南京市浦口高新区风头日盛。杭州作为国家首批民用无人驾驶航空试验区之一，已在无人机城市场景商业运行探索中取得显著成果，并专门划设了25平方千米的空域范围用于无人机户外测试。目前，杭州在医疗领域的应急配送和即时配送上展开了低空领域的应用探索。

合肥作为国家级战略性新兴产业集群，集成电路、新型显示、人工智能三大产业蓬勃发展，形成了雄厚的产业基础。这些产业的崛起不仅提升了合肥的产业竞争力，也成为吸引低空经济企业落户的重要优势。

我国作为全球eVTOL飞行器产业发展的先行者之一，目前依托传统航空制造业、新能源汽车制造业和无人机产业优势，已在粤港澳大湾区、长三角地区及成渝双城区集聚了一批低空飞行器厂商。

5.4.1 长三角低空航空器研发概况

长三角一体化发展是国家战略。长三角地区在集成电路产业方面具有显著的优势，总营收占到全国的60%以上。长三角地区在人工智能领域也形成了产业集群。长三角地区的汽车产业也是其重要的产业优势之一,拥有完整的汽车产业链和多个知名的汽车品牌,是我国汽车工业的重要基地。长三角城市群是我国产业体系最完备、城镇化基础最好、综合实力最强的城市群之一,拥有多个GDP万亿城市,总数占到全国的三分之一。长三角地区的产业集群发展成熟,不仅在制造业及其细分领域有着显著的产值,而且在推动区域经济发展方面发挥了重要作用。这些产业的优势集群为长三角地区的经济发展提供了强有力的支撑,使其成为我国乃至全球重要的经济引擎之一。

从市场环境分析,长三角一体化在低空经济方面拥有最为广阔的市场前景;从政策方向分析,上海市政府推出《上海打造未来产业创新高地,发展壮大未来产业集群行动方案》,其中明确提出打造未来空间产业集群。在空天利用产业方面,突破倾转旋翼、复合翼、智能飞行等技术,研制载人电动垂直起降飞行器,探索空中交通新模式;从人才方面分析,国产大飞机经历了多年沉淀和发展,培育了大量的航空人才资源。

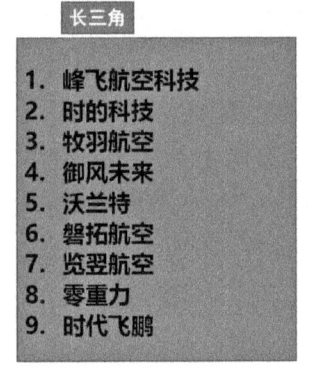
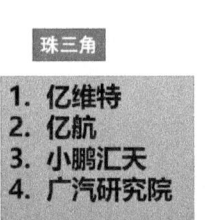
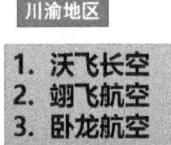

我国部分低空航空器研发企业分布

上海是长三角的核心,集聚了峰飞航空、时的科技、御风未来、沃兰特、磐拓航空、牧羽航空、览翌航空等eVTOL科技企业。

1. 峰飞航空

峰飞航空于2017年成立,是国内最早投入研发大型eVTOL的科技企业之一。峰飞航空的发展战略为先载物,后载人,从小到大。该公司研发的eVTOL采用复合翼构型,目前率先应用于载物场景,如快递物流、紧急物资运输、应急救援等。2021年9月,峰飞航空完成1亿美元A轮融资;2022年年底,eVTOL 载物飞行器 V2000CG 获得中国民航局型号合格证受理,开展适航审查活动。2023 年 7 月,峰飞航空成功完成三架盛世龙 eVTOL 飞行器全尺寸验证机的编队飞行任务,实现了全球首次吨级以上 eVTOL 多架机、多机组、同空域、全转换的编队飞行。2024 年 3 月,载物飞行器 V2000CG 获得型号合格证。

峰飞航空 V2000CG 载物飞行器

2. 时的科技

时的科技成立于 2021 年 5 月,是国内第一家研发倾转旋翼 eVTOL 的科技企业。公司研制的 E20 eVTOL 飞行器采用倾转旋翼构型,该构型路线能

时的 E20 eVTOL 飞行器

实现航程、载荷和速度的最优化;2023年2月,时的科技宣布完成1亿元人民币Pre-A轮融资。2023年8月,时的科技E20 eVTOL框架机顺利完成了从系统联调到试验试飞的所有科目。2023年10月,原型机完成首轮飞行测试,时的科技也是国内第一家将2 t以上的倾转旋翼eVTOL飞行器成功实现飞行的企业,目前E20 eVTOL飞行器的适航审定申请已经被民航华东管理局受理,也与深圳东部通航签署了战略合作协议,东部通航作为其在粤港澳大湾区的首发客户,进行低空旅游和空中的士的场景打造。

时的科技目前的研发中心在上海,在浙江横店和宁海也设立了研发测试基地,在新加坡设立了海外分公司。时的科技E20 eVTOL计划在2026年底左右取得型号合格证(TC),并正式投入海内外市场的商业化飞行使用。

第一阶段更多的是替代部分直升机,率先应用在低空旅游市场。

第二阶段应用到低空短途运输,定位30~150千米短途运输,用于城际间和城市郊区快速出行。

第三阶段全面应用到城市低空飞行服务,从城市的市中心可以提供到各个区域的快速出行服务。

E20 eVTOL是代号为"E20"的倾转旋翼国产5座载人电动飞行器。飞行器采用倾转旋翼构型,设计最大航程达200千米、时速可达320 km/h。作为一架纯电驱动的飞行器,其采用电机和电气化架构设计,简化了动力传输方式,让飞行更加便捷和安全。E20 eVTOL飞行器采用大直径低转速5叶螺旋桨,大幅降低了飞行噪声,带来安静舒适的飞行体验。

3. 牧羽航空

牧羽航空是一家历史积淀颇深的飞行器研发制造企业。公司从运动类载人飞机的复合材料部件开始逐步进入整机的研发制造,再发展到大型无人机和重载荷eVTOL飞行器的研发制造。从概念阶段开始,飞机的设计和制造涵盖气动学、总体布局、结构设计和强度分析等多个关键因素,这一过程中的设计工作全部自主完成。

公司早期研发的载人飞机有MY-ABC海陆空三栖飞行汽车、Dolphin200水陆两栖飞机、HC700垂起起降飞行汽车。目前,公司在研的重点机型有AT1300货运复合翼eVTOL飞行器和AT8000货运复合翼eVTOL飞行器,其起飞重量分别是1.3 t和8 t,有效载荷分别是400 kg和3 500 kg;同时,最新的AC2载人eVTOL飞行器的研制也正在紧锣密鼓地进行。

第 5 章　全球低空航空器研发状况

牧羽 AT1300 全尺寸原型机试飞

牧羽 AT8000 缩比验证机试飞

牧羽 VJET－7 验证机

型号验证机

4. 御风未来

御风未来前期依托于福昆无人机,从事小型复合翼无人机的研发,2020年增加了大型 eVTOL 飞行器的研发,致力于为未来城市立体交通空中出行提供解决方案。御风未来选择从中小型 eVTOL 飞行器,到大型货运 eVTOL 飞行器,再到载人 eVTOL 飞行器的商业路径,逐步推进载货、载人的商业化进程。2022 年 12 月,御风未来完成 A+轮融资,累计融资额达 1.5 亿元。2023 年 3 月,御风未来 2 t 级物流 eVTOL 产品 M1 系列的首架飞机下线。2023 年 10 月底,原型机 M1 首飞成功。在飞机构型上,御风未来 M1 采用复合翼构型,多冗余度设计,力争用简单的机械结构实现高安全性。在核心零

御风未来 M1 飞机

部件上,御风未来采用的多冗余设计降低了供应商门槛,并具备深度介入供应商研发的能力。

在供应链选择上,御风未来的核心供应链实现了全国产化。御风未来掌握成熟的自研飞控技术,在构型和飞控上的强耦合能确保飞行器更加安全,技术已经在中小型 eVTOL 飞行器上得到验证。

5. 沃兰特

沃兰特[20]成立于 2021 年,是复合翼构型的代表企业,沃兰特以客运级 eVTOL 技术研发、设计、制造为核心业务。2022 年上半年,沃兰特已完成亿元级 Pre-A 轮融资;2023 年 1 月,公司在研机型 VE25X1 成功实现首飞。2023 年 9 月,其型号适航审定申请获得民航东华管理局的受理。

6. 磐拓航空

磐拓航空成立于 2019 年,是倾转涵道构型 eVTOL 的整机设计制造商。2021 年 9 月,磐拓航空推出首款飞行器概念设计 PANTALA Concept H;2022 年 6 月,PANTALA Concept H 的 50%缩比验证机 T1 成功首飞。自 2019 年成立至今,磐拓航空仍保持自筹资金运营。

7. 览翌航空

览翌航空成立于 2023 年上半年,主要研制复合翼的载人 eVTOL 飞行器,目前 30%的缩比验证机已经首飞成功。

8. 零重力

零重力公司成立于 2020 年是目前国内唯一一家涉及多旋翼、复合

电动垂直起降飞行器 ZG-ONE

固定翼飞行器

翼、倾转旋翼三种构型研发的主机厂。2023年,零重力与辽宁锐翔合作,销售其固定翼电动飞机。目前,其多旋翼原型机已经首飞,50%的倾转缩比验证机也已实现首飞。

9. 亿维特

亿维特成立于2022年1月,公司专注于载人eVTOL飞行器的研发、制造,致力于未来空中出行解决方案。亿维特航空复合翼的原型机已实现机体下线,目前正在系统测试中,后续将按照计划进行首飞前测试。

ET9电动载人垂直起降飞行器技术参数

5.4.2 粤港澳大湾区低空航空器研发概况

粤港澳大湾区是低空经济领域头部梯队[21],低空经济产业发展潜力大。以深圳、广州、珠海为代表的大湾区,集聚了亿航智能、小鹏汇天、广汽研究院、大疆创新、顺丰丰翼科技、美团无人机等一批低空优质企业。近年来,广州不断弥补其在空天领域的产业链,以广州南沙为主,先后发布了大量空天扶持政策,成为国内潜力巨大的低空经济产业发展阵地。2023年,深圳首次在政府工作报告中提出发展低空经济、建设低空经济中心;2023年10月,深圳对外发布《深圳经济特区低空经济产业促进条例》草案,立法支持低空经济产业的发展。截至2023年11月,深圳已经有8个区先后发布了与低空经济相关的产业发展政策,代表厂商介绍如下。

1. 亿航

亿航于2014年成立于广州,是国内第一家研发eVTOL的企业,也是全球第一家在纳斯达克上市的eVTOL企业,也是全球第一家拿到适航证的eVTOL企业。该公司的主要机型为无人驾驶载人飞行器EH216-S,选用多旋翼构型,可搭载两名乘客。亿航EH216-S型eVTOL飞行器于2023年10月获得中国民航局颁发的型号合格证,也是全球第一张eVTOL飞行器型号合格证。基于其是自动驾驶的载人飞行器,中国民航局对其第一阶段的适航证作了较多的使用条件限制。

亿航EH216-S型eVTOL飞行器

2. 小鹏汇天

小鹏汇天于 2020 年成立于广州,是小鹏汽车的生态企业,是目前国内电动垂直起降飞行器企业中融资金额最多的企业。小鹏汇天的产品定位为飞行汽车,前期研制产品包括航旅者 T1、X1、X2 等多个型号,主要用于日常展示体验。2023 年 10 月 24 日,小鹏汇天又发布了第 6 代飞行汽车,涵盖了车+多旋翼及飞行汽车两种产品。

小鹏汇天飞行器 1

小鹏汇天飞行器 2

3. 广汽研究院

2023年6月,广汽发布了GOVE飞行汽车,采用分离式机体构型,飞行舱和底盘可自由分离或组合,实现飞行和地面行驶两大场景,飞行器采用多旋翼构型,未来广汽将开发复合型分离式飞行汽车。

广汽GOVE飞行汽车

5.4.3 成渝双城低空航空器的研发概况

成渝双城通航产业链整体向好,产业协同推动了空中交通发展,该地区是我国无人机产业基地的高地[22]。2023年6月,四川省委作出《中共四川省委关于深入推进新型工业化 加快建设现代化产业体系的决定》,明确提出研制具有世界一流水平的无人机及系列产品,建设高效运行的无人机管控体系和飞行服务系统,打造全国无人机产业高地。成渝地区的代表厂商简介如下。

1. 沃飞长空

沃飞长空是吉利汽车大出行战略的低空出行业务承载方,以飞行汽车为核心,开展低空出行、低空物流、应急医疗等综合应用。其研发的AE200型号eVTOL采用倾转旋翼构型,能搭载4~5名乘客,目前AE200已完成原型机首飞并在局方指导下全面启动型号合格审定工作。

沃飞 AE200 飞行器

2. 翊飞航空

翊飞航空成立于 2022 年,主要从事短距起降特征的飞行器,面向快递物流企业和无人机运营企业,提供以超短距起降无人运输机为代表的系列化产品及其运营相关的运行控制、维修保障等配套系统。

5.5 中美 eVTOL 产业发展对比

作为低空经济市场的核心组成部分之一,中美两国在 eVTOL 产业领域的发展各有优势。我国的 eVTOL 产业正在迅速发展,但与美国相比,仍然存在一些差距。

美国在 eVTOL 领域的研发起步较早,拥有较为成熟的技术和创新体系。美国的 eVTOL 企业,如 Joby、Archer 等在电动航空器的设计、制造和测试方面积累了丰富的经验。而我国的 eVTOL 企业虽然发展迅速,但在技术创新和研发方面仍需进一步积累和突破。

美国拥有完善的航空产业链,包括先进的制造技术、成熟的供应链管理和丰富的航空人才资源。相比之下,我国的航空产业链虽然在快速发展,但在某些关键技术和材料方面仍依赖进口,本土化发展存在一定难度。

美国在 eVTOL 领域的政策支持和法规制定方面较为成熟,已经有较为明确的适航认证流程和标准。而我国虽然在近年来开始重视低空经济和eVTOL领域的发展，但相关政策和法规体系仍在完善之中。

美国的资本市场对eVTOL领域的投资较为活跃，许多eVTOL企业通过资本市场获得了充足的资金支持。我国的资本市场虽然对eVTOL领域也表现出浓厚的兴趣，但相较于美国，我国的投资规模和活跃度仍有提升空间。

美国的eVTOL企业在商业化进程方面较为领先，已有企业开始进行商业运营测试，并与多家公司合作开展空中出租车服务。我国的eVTOL企业虽然在技术研发和测试飞行方面取得了进展，但商业化运营仍处于初期阶段。

美国eVTOL企业在国际合作方面较为广泛，与全球多家航空公司和制造商建立了合作关系。我国的eVTOL企业虽然也在积极开展国际合作，但在国际市场的影响力和竞争力方面还需进一步加强。

相比美国，我国在eVTOL产业也有自己的优势，简述如下。

首先，我国政府高度重视eVTOL产业的发展，中央和地方政府密集出台了一系列产业扶持政策。例如，我国已经颁发了全球首张eVTOL航空器型号合格证，为eVTOL产业的发展提供了政策土壤和明确的发展方向。此外，地方政府也通过补贴、税收优惠等方式，积极推动eVTOL产业的发展。

其次，我国是全球最大的新能源汽车市场，拥有成熟的新能源汽车产业链。这一产业链的溢出效应为eVTOL产业提供了技术支持和制造能力，尤其是在电机、电池、电控等关键部件的制造方面。这些技术的复用和制造能力的提升，有助于降低eVTOL的研发和生产成本，加速产业的商业化进程。

我国人口密集，城市交通压力较大，地形复杂多样，这为eVTOL提供了广阔的应用场景和市场需求。eVTOL可以有效缓解城市交通压力，满足多样化的运输需求，特别是在应急救援、旅游观光等领域具有巨大的潜力。

我国拥有众多eVTOL研发生产企业，包括亿航智能、峰飞航空、时的科技、沃飞长空、小鹏汇天等，形成了丰富的产业生态。这些企业涵盖了从技术研发、产品设计到生产制造的全产业链，有助于推动技术创新和产业升级。

我国的eVTOL企业在技术路线上呈现出多元化的特点，包括多旋翼、复合翼、倾转翼等多种技术方案并存。这种多元化的技术探索有助于找到最适合市场需求和技术发展的eVTOL解决方案。

我国企业在市场响应速度上具有优势，能够快速适应市场变化和技术进步，及时调整产品策略和发展方向。这种灵活性和快速响应能力，有助于我国eVTOL企业在全球市场中占据有利地位。

我国在制造业方面具有显著的成本优势,这有助于 eVTOL 产业在原材料采购、生产制造等环节实现成本控制。同时,随着产业规模的扩大,规模经济效应将进一步降低单位成本,提高产业的整体竞争力。我国在 eVTOL 领域的发展具有多方面的优势,这些优势有望推动我国 eVTOL 产业实现快速成长,并在全球市场中占据重要地位。随着政策的进一步明确、技术的不断进步和市场的逐步成熟,我国 eVTOL 产业的发展前景值得期待。

5.6 世界各国推出 eVTOL 商业载客项目的时间表

世界各国推出 eVTOL 商业载客项目的时间表如下。

世界各国推出 eVTOL 商业载客项目的时间表[23]

国　　家	计划时间	城市/地区
中国	2024 年	粤港澳大湾区
法国	2024 年	巴黎
韩国	2025 年	济州岛、仁川
日本	2025 年/2026 年	大阪、东京
沙特阿拉伯	2025 年/2026 年	沙特新未来城
意大利	2025 年	罗马
美国	2025 年/2026 年	迈阿密、纽约、旧金山
阿拉伯联合酋长国	2026 年	阿布扎比、迪拜
加拿大	2026 年	蒙特利尔
新加坡	2026 年	新加坡
荷兰	2026 年	格罗宁根
西班牙	2026 年	巴塞罗那
德国	2026 年	慕尼黑
澳大利亚	2026 年	墨尔本
巴西	2026 年	圣保罗

第 6 章
案例分析：Joby S4

6.1 Joby 公司简介

  Joby 飞行汽车(Joby Aviation)公司由乔本·贝维特(JoeBen Bevirt)于 2009 年创立于美国加利福尼亚州。Joby 公司于 2021 年 8 月通过与特殊目的公司 Reinvent Technology Partners 合并，以 66 亿美元的估值在纽约证券交易所上市，成为电动飞机领域的闪耀之星。Joby 公司管理层均有航空领域背景，专业功底深厚。首席财务官 Matt Field 拥有超过 20 年财务工作经验，曾担任福特汽车公司北美首席财务官，负责 1 000 亿美元收入业务和管理 1 000 名财务员工；政府政策负责人 Greg Bowles 曾在美国通用航空制造商协会(The General Aviation Manufacturers Association，GAMA)任职 14 年，先后担任工程制造总监、欧洲监管事务总监、全球创新政策副总裁，倡导现代监管改革，为新形式的日常空中交通铺平道路；运营总裁 Bonny Simi 曾在捷蓝航空工作 17 年，先后担任机长、机场规划总监、客户服务总监、人力副总裁，并一手创立了其风险投资子公司 JetBlue Technology Ventures。首席产品官 Eric Allison 是斯坦福大学航空和航天学博士，曾担任飞行汽车公司 Zee Aero 的首席执行官(chief executive officer，CEO)，带领自主空中出租车 Cora 的开发，也曾带领优步(Uber)的飞行汽车团队 Uber Elevate 开发软件工具，实现按需移动。

  Joby 公司于 2016 年获得其 A 轮融资，一个月后又获得了五角大楼基金的资助，随后陆续获得 B 轮和 C 轮融资，并很快通过与 SPAC 合并的方式于 2021 年 8 月借壳上市，成为继亿航之后第二家上市的 eVTOL 公司。其中，汽车制造商丰田(Toyota Motor)、打车平台 Uber 和美国最大的航空公司达美航空(Delta Air Lines)在 Joby 上市前后的注资对于 Joby 未来的商业化发展具有战略意义：① 丰田在汽车领域的制造经验帮助 Joby 保证批产的各个环节的效率和质量；② Uber 将其地面按需出租车的管理经验和信息化系统注入 Joby 的空中出租车的相关环节；③ 达美航空协助 Joby 首先实现"从家到机场"的航线运营(首先从纽约和洛杉矶起飞)。

从公司发展的历史角度来看，技术的垂直整合为无奈之举。公司创业之初，eVTOL 领域尚处于行业早期，没有成型的产业配套，没有成熟的供应链。因此，处于行业早期的科技型企业往往需要自主研发制造的情形，例如要自行研制电机、舵机、逆变器、电池包、传感器和低噪声螺旋桨。公司经过 20 年的技术积累及与上下游企业合作，对飞行器生产的技术诀窍(know-how)更为了解，制造的飞行器高度集成、性能更优。

Joby 的战略定位并不是单纯的飞行器制造商，公司与丰田、Uber、达美航空等企业的战略合作体现公司旨在通过打造一个垂直整合的运输服务公司，为客户直接提供运输服务。该战略定位主要是目前的社会环境造成的，在纽约和洛杉矶，每天 99% 以上的行程在 50 千米之内。例如，Joby 曾在 C 轮融资中获得了 Uber 5 000 万美元的投资，同年 12 月，Joby 又宣布收购 Uber 的"空中的士服务"业务"Elevate"，同时获得 Uber 7 500 万美元的额外投资。除此之外，两家公司同意将各自的服务整合到彼此的应用程序中，从而为未来的客户实现地面和空中旅行的无缝整合。

Joby 于 2023 年与迪拜道路与交通管理局签署了最终协议，将在阿联酋推出空中出租车服务。该协议为 Joby 提供了为期 6 年的迪拜空中出租车独家运营权，并将使迪拜成为通过 Joby 的革命性技术提供快速、清洁和安静的空中旅行的世界领导者。该协议确保了来自迪拜的各种支持，包括金融机制，以进入迪拜的服务业务并逐渐走向成熟。

6.2　Joby S4 的技术参数

Joby S4 是 eVTOL 领域中最领先的机型之一，其研发历经 10 年有余，经过多次重大迭代更新，可谓十年磨一剑，真正契合并解决了城市空中出行领域的核心关切问题，将可能成为 UAM 第一个真正实现商业落地运营的

eVTOL 飞行器。

Joby S4 的一个突出特点是其在悬停阶段的噪声非常低,而悬停阶段是飞机噪声最大的飞行阶段,Joby S4 是满足城市空中交通噪声低于 88 dB 限制标准的飞机。Joby 已经完成了超过一千次的成功飞行测试,包括远程遥控飞行测试和驾驶飞行测试。城市空中交通要成为现实,有两个基本因素,一个是低噪声,另一个是具备安全冗余。飞机的高航程虽然很重要,但只会增强其实用性,而并不会使其获得在城市环境中运行的资格。

Joby S4 拥有 6 个高强度螺旋桨,螺旋桨直径达 2.9 m,每个螺旋桨上拥有 5 片桨叶。Joby S2 拥有 12 个螺旋桨,其直径约为 1 m。

Joby S4

Joby S2 的桨盘负载为每平方米 80 kg,然而 Joby S4 的桨盘负载仅为每平方米 46 kg,比所有当前正在投入使用中的传统倾转旋翼和倾转机翼的飞机都要小很多。低桨盘负载意味 Joby S4 在悬停时拥有着更低的功耗和更高的效率,相比较来说,Lilium Jet 的桨盘负载超过每平米 400 kg。Joby S4 的六个螺旋桨叶片均有一个反面翼尖,研究显示,反面翼尖使 Joby S4 具有更好的悬停性能,在巡航阶段也具有更高的效率,同时能显著降低噪声。

Joby S4 的桨尖速度只有 113 m/s,相比较之下,作为同类产品中最畅销的直升机 Robinson,其桨尖速度为 215 m/s,这是 Joby S4 噪声水平如此之低的另一个原因。根据 Joby 公司的说法,Joby 飞行时的显著特点是声音更像是风吹在树上。

Joby S4 的推进系统由 6 个可倾转的电动螺旋桨构成,每个螺旋桨由两

Joby S2

个电机驱动,每个电机的额定功率为 70 kW,两个电机可以为每个螺旋桨工作提供一层冗余。其推进系统的显著特点是位于外侧的 4 个螺旋桨与螺旋桨所在的舱体机构整个一起倾斜,而位于内侧的 2 个螺旋桨则是采用独特的连杆机构,因此只有螺旋桨叶片倾斜而不会使螺旋桨所在的舱体机构一起整个倾斜。

拥有内侧倾转螺旋桨的 eVTOL 飞行器存在的问题之一是很难在不倾斜整个机翼的情况下进行倾斜,而 Joby 已经解决了这一问题,是非常值得称赞的。位于外侧的 4 个倾转旋翼有 2 个布置在 V 形尾翼上,这也是非常独特的设计。当前,只有现代 SA1 飞机和一些小型特技无人机,才将螺旋桨安装在 V 形尾翼上。

Joby S4 能够搭载 1 名飞行员和 4 名乘客,其原型机的机翼翼展长度为 10.7 m,机身长度为 7.3 m,在其 2 号原型机上,翼展长度变为了 11.6 m,机身长度则为 6.4 m。Joby S4 的另一个显著特点就是其前掠翼设计,其姊妹飞机 S2 也是采用该设计。可以认为这种机翼构型设计可用于解决飞机的推力中心与重心之间的不重合而产生的小扭矩问题。

Joby S4 升阻比的确切数字尚不清楚,根据其官网提供的信息,在高速巡航状态下,其升阻比为 16~18。S4 的机身由复合材料制成,采用三点式起落架,最大起飞重量为 1 815 kg,负载载重为 381 kg,供 1 名飞行员和 4 名乘客使用。值得注意的是,S4 V2 的最大起飞重量增加到了 2 177 kg,负载载重将增加到了 454 kg,这将满足 FAA 单座 91 kg 或 200 lb 的座位重量分配要求。

Joby S4 的技术参数[24]

乘员	5 人(含飞行员)
翼展	11.6 m
机身	6.4 m
升阻比	16~18
最大起飞重量	2 404 kg
有效载荷	453 kg
巡航速度	322 km/h
倾转旋翼动力	6 台高性能双绕线电机。每个螺旋桨由两个电机驱动,每台电机的额定功率为 70 kW
巡航噪声	45 dB
起落架	三轮车式
桨盘负载	46 kg/m²
S4 的桨尖速度	113 m/s
螺旋桨直径(5 叶桨)	2.9 m

电池系统是 Joby S4 V2 的工程挑战真正之所在。从设计规格来看,Joby S4 需要有 150 mi(240 km)的续航里程和最高 200 mi(322 km)的时速,为了实现这一性能,至少需要 200 kW·h 容量的电池组。Joby 提供的文件显示,动力系统占整机重量的 19%,负载占整机重量的 21%,其他所有的部件重量为 25%,电池占整机重量的 35%;也就是说,V2 电池组的重量将达到 2 177×35% = 760 kg。

Joby S4 各部件重量占比

部　件	重量占比
动力系统	19%
负载	21%
电池	35%
其他所有的部件重量	25%

Joby 曾提到,其使用的锂离子电池的能量密度几乎为 300 Wh/kg,这是电芯层面的能量密度,在电池组层面的能量密度会低一些,因为电芯在组装过程中添加了其他配件,如结构支撑、电流走线、监控电子系统安全组件和冷却系统等。

目前,最好的飞行电池组的能量密度在 170 Wh/kg 左右。Joby 声称其电池组的能量密度在 235 Wh/kg,那就是非同寻常的。鉴于 V2 电池总重量限额为 762 kg,即使具有如此高的电池组能量密度,Joby S4 的电池组容量只达到 762×235＝179 kW·h;这个容量虽然是很大的,但是少于所需的 200 kW·h。虽然相差不大,但若其采用该锂离子电池组的话,它将无法实现其目标 150 mi(240 km)的航程目标。Joby 正在研发能量密度为 350 Wh/kg 的电池。

综合来看,Joby S4 是市场上最有前途和最可信赖的 eVTOL 飞行器,因为它已经克服了适航的所有工程挑战,是一款真正领先的可以满足城市空中交通的 eVTOL 飞行器。

Joby 已经取得 FAA 的 135 部航空承运人证书,成为首个获准进行空中出租车服务的飞行汽车企业。这意味着,出租车服务从地上飞向城市上空,第一次正式得到许可,其目前处在试运行阶段,计划于 2025 年实现商业飞行。

6.3　Joby S4 零部件的安全性、可靠性设计

Joby S4 的零部件和材料安全性对标民航客机。eVTOL 飞行汽车的结构主要包括三大部分:动力推进系统、车体平台和飞行控制总系统,其中每个部分又可分为多个子系统。

(1) 动力推进系统的核心技术及零部件主要包含电池、电机、驱动器、伺服电机、减速器等。

(2) 车体平台系统主要包含机体外壳、桨叶、航空玻璃等,部分零部件可与飞机、直升机通用,目前该领域主要是航空航天企业在研发和制造。

(3) 飞行控制总系统分为四个主要部分:① 飞行控制系统:包括起飞着陆控制、飞行姿态控制、路径规划、应急安全等;② 传感器系统:包括摄像头、激光雷达、超声波、空速管,以及温度、气压、湿度传感器等;③ 通信系统:包括无线电、5G、卫星通信等;④ 导航系统:包括北斗导航和全球定位系统(global positioning system,GPS)等定位系统,以及基站导航、惯导等导航系统。飞行控制系统、传感器系统的研发制造参与者以军工单位、研究所及高校为主。

Joby S4 大量使用碳纤维复合材料,进一步减轻结构重量。具备优秀的

强度重量比,碳纤维为主要材料。产品前掠翼设计用于解决飞机的推力中心与重心之间的不重合而产生的小扭矩问题。在高速巡航状态下,Joby S4 的升阻比为 16~18。碳纤维复合材料可提供航空航天应用所需的强度重量比,以最大限度地提高飞机的航程和速度。不断优化 Joby 飞机的各个方面,以最大限度地利用城市交通,而高质量的碳纤维材料是实现其目标的关键组成部分。值得注意的是,Joby S4 的最大起飞重量为 2 177 kg,负载载重 454 kg,满足 FAA 单座 91 kg 或 200 lb 的座位重量分配要求。

Joby S4 拥有 6 个高强度螺旋桨,螺旋桨直径达 2.9 m,每个螺旋桨上拥有 5 片桨叶。相较上一代产品,Joby S2 拥有 12 个螺旋桨,其直径约为 1 m。Joby S2 的桨盘负载为 80 kg/m^2,然而 Joby S4 的桨盘负载仅为 46 kg/m^2,比所有当前正在投入使用中的传统倾转旋翼和倾转机翼的飞机都要小很多,低桨盘负载意味 Joby S4 在悬停时拥有着更低的功耗和更高的效率。Joby S4 的五个螺旋桨叶片均有一个反面翼尖,研究显示,反面翼尖使 Joby S4 具有更好的悬停性能,在巡航阶段也具有更高的效率,同时能显著降低噪声。Joby S4 的桨尖速度只有 113 m/s,相比较之下,作为同类产品中最畅销的直升机 Robinson,其桨尖速度为 215 m/s,这是 S4 噪声水平如此之低的另一个原因。

双绕线电机与逆变器组合总重为 28 kg,峰值功率达 236 kW。与特斯拉 Model S Plaid 相比,Joby 以更轻的重量保证两倍的功率。同时,螺旋桨最高扭矩达 1 800 N·m,平均扭矩 1 380 N·m,Joby 提供的扭矩相当于福特 F-350 重型卡车的发动机水平,使 eVTOL 能够在低速下产生推力,同时也是低噪声的保障。

Joby S4 的推进系统由 6 个可倾转的电动螺旋桨构成,每个螺旋桨由两个电机驱动,每个电机的额定功率为 70 kW,两个电机可以为每个螺旋桨工作提供一层冗余。推进系统的显著特点是其位于外侧的 4 个螺旋桨与螺旋桨所在舱体机构整体一起倾斜,而位于内侧的 2 个螺旋桨则是采用独特的连杆机构,只会导致螺旋桨叶片倾斜而不会使螺旋桨所在的舱体机构整体一起倾斜。每个推进电机均由双余度逆变器驱动,以提高任务可靠性,每个电机对应的双余度中的每个逆变器又由两个独立的电池供电,从而防止电池故障蔓延,4 块独立的多余度电池包安装在远离乘客的位置。在任何一个推进电机、逆变器或电池包失效的情况下,飞机仍然可以安全飞行,也就是说,整架飞机不存在单点故障。

Joby飞控系统的巧妙之处在于采用以太网供电(power over ethernet, POE)交换机,将供电和通信网络合二为一,所有飞控计算机和其他设备均挂在该总线上,并可能将安全关键部分和其他部分隔离的方式在物理上实现安全分区,尽管当前看不到该架构的安全性指标,但这不失为通过优化拓扑结构来降低系统重量的可能途径。Joby的航电飞控系统是自研的"统一的飞行控制系统",没有选择英国Vertical Aerospace公司的VA-4X无人机和德国Lilium公司的LiliumJet无人机外包给霍尼韦尔的模式,而是依靠企业内部大量来自军工巨头和特斯拉、苹果等IT产业巨头的自主研发产品,并在F-35B驾驶舱航电飞控架构上实施,将垂直飞行和巡航飞行结合到同一控制界面中。航电主管Nate Martin曾在苹果和特斯拉工作过,模拟器试飞员James Denham就参与了F35"统一控制架构"的研发,产品由集中式向分布式发展。

Joby改进了现有电池技术,开发出了专门针对航空用途的商用三元锂离子电池(正负极分别采用811NMC和石墨),能够更好地在能量密度、垂直起降功率和充放电循环寿命三方面取得平衡。根据Joby的资料,该电池支持超过1万飞行架次的充放电循环,同时具备优秀的充电速度。Joby电池的阴极采用811NMC,这是在市场上已有的主流锂电池的基础上通过调整材料配比(80%的镍、10%的锰和10%的钴)而获得的一种合成材料。NMC811电池的核心特点是高能量密度,根据公司公告,其能量密度达到288 Wh/kg,电池采用隔离发布式,提升电力冗余。Joby通过采购电池单元,然后再通过内部设计、工程和测试完成电池模块的开发,实现对整机性能目标的要求。Joby S4上有四个独立的冗余电池组,即使任何一个螺旋桨、逆变器或电池组出现故障,飞机也可以继续飞行。

6.4　Joby S4适航取证过程

FAA收到Joby的适航申请以后,起初计划将eVTOL纳入23部固定翼飞机类别进行适航审定,再根据eVTOL的垂直起降部分的适航要求参考27部直升机和29部运输类旋翼类航空器的部分适航标准增加专用条件。后来,FAA调整了eVTOL的适航审定政策,将eVTOL纳入21.17(b)所属的"特殊类别"(special class),FAA对eVTOL的适航审定就变成了一事一议,根据每个型号的情况相应制定专门的专用条件,增加了审定的复杂性、降低了审定效率。之后,FAA 发布了 Joby 公司的 JAS4－1 型五座倾转旋翼 eVTOL 的适航准则,并于 2024 年 4 月 8 日生效,这是 FAA 发布的第一个 eVTOL 适航专用条件。根据 Joby 公司于 2023 年公开的信息,截至 2023 年四季度,84%的认证计划已被 FAA 接受,其中包括涵盖电池和高压配电的储能和配电系统计划等。同时,Joby 倾转旋翼 eVTOL JAS4－1 的正式适航准则将自 2024 年 4 月 8 日起生效,准则的确定将加速 Joby 的审批流程。另外,美国空军于 2020 年 12 月向 Joby 的五座 eVTOL 颁发了军用适航证,Joby 的原型机已经取得 FAA 颁发的特许适航证,预计 2025 年获得 FAA 的民用适航证。

2020 年 2 月,美空军启动了名为"敏捷至上"(Agility Prime)项目,探索航空业新兴的 eVTOL 技术在特种作战、救援搜索、短距运输等军事任务应用的可行性,推动商用技术向军事领域转化。美国空军的"敏捷至上"项目于 2023 年 4 月 25 日向 eVTOL 制造商 Joby 公司授予了总额为 5 500 万美元的 9 架 S4 飞机的采购合同,首批的两架 S4 飞机将于 2024 年 3 月前交付。这是"敏捷至上"项目首次签署采购合同,意味着 eVTOL 在军用领域获得重大进展。项目涉及的 S4 飞机预计将于 2024 年年底完成飞行器适航审定,2025 年年初具备规模化应用的能力。

第 7 章
低空航空器的运营现状与展望

全球 eVTOL 产业蓄势待发,我国具有先天优势。我国拥有较好的资源禀赋、较强的市场需求和有力的政策支持。资源禀赋方面,我国地大物博、人口众多,具备使用 eVTOL 的数量优势;同时,在人口密集度高、地面交通拥堵的城市,对 eVTOL 等空中交通有较为迫切的需求;政策支持方面,中央和地方针对低空产业发展均颁布了支持政策,包括适航取证补贴、企业发展补贴、航线补贴等诸多方面,顶层规划坚定、发展信心较足。同时,部分头部企业适航认证方面也取得了突破。

eVTOL 的商业化之路或经历旅游观光类、工业应用类、城市出行类 3 个阶段。与传统航空器相比,eVTOL 具备零排放、零污染、垂直起降、不需要跑道/专用机场、噪声低和运营成本较低等优势,有望打破传统交通运输工具的边界,成为高铁、地铁、长途巴士、出租车、私家车的重要补充,甚至有机会成为未来的交通出行和运输的主流方式之一。eVTOL 的商业化之路或将经历三个发展阶段。第一阶段:eVTOL 产品的航时、航程较短,飞行速度较慢,适用于以景区观光、空中游览等场景为主的短途载客飞行。与此同时,国内低空飞行器适航所需的低空空管系统、低空态势感知系统、临时起降点/机场等开始建设。第二阶段:eVTOL 所需的电池能量密度和安全性得到提升,飞行器的续航能力显著增强。随着民众对 eVTOL 的接受程度逐步提升,以及低空基础设施建设日臻完善,eVTOL 应用或将向应急救援、医疗转运、警用安防、航空物流等工业领域迈进。第三阶段:随着 eVTOL 全自动飞行技术、紧急避障、降噪等关键技术取得突破,飞行可靠性持续提升,成本进一步降低,"空中的士"时代或将到来,呈现出城市立体分层交通格局。

eVTOL 可在旅游观光类场景或率先落地。全国 4A/5A 景区超 3 000 个，远期理论需求空间或有望达到数千亿元量级。截至 2024 年 4 月，全国共有 5A 景区 340 个，4A 景区约 3 034 个（2018 年官方最新数据），总计 3 374 个。考虑景区的使用场景，以及相匹配的临时起降点和配套设备等建设需求，预计，我国旅游观光领域对 eVTOL 及其配套设施建设的远期理论需求规模或有望达到数千亿元量级。

医疗转运、航空应急救援等工业级应用场景渐次落地。我国高度重视医疗应急体系的能力建设，尤其对于山地、海岛等交通不便的地区，应急医疗体系的搭建尤为重要。队伍建设方面，根据国家卫生健康委员会（简称国家卫健委）规划，到"十四五"末，国家计划将国家级医疗应急队伍由目前的 40 支扩充到 60~70 支。此外，截至 2023 年 7 月，我国已建立省、市、县三级医疗应急队伍 6 500 支。以浙江为例，浙江山区通过救援直升机用时 18 分钟将一位呼吸道大咯血患者转运至城区医院，为挽救生命争取了关键时间。截至 2023 年 7 月，浙江省全省医疗机构已建设 57 个直升机停机坪，常态化开展转运急危重症患者行动，而这也是 eVTOL 的重要发展方向。假设未来全国 6 500 支应急医疗队伍均配备 2 套 eVTOL，那么对应飞行器采购规模或有望达到百亿元量级。航空应急救援体系建设方面，按照《"十四五"通用航空发展专项规划》，到 2025 年底，全国开展航空应急救援的省份计划达到 25 个以上，包括最新发布的《通用航空装备创新应用实施方案（2024—2030 年）》也提出，需加快提升通用航空装备技术水平，实现全域应急救援能力覆盖。重点围绕航空灭火、航空救援、公共卫生服务、应急通信/指挥四大领域，在京津冀、长三角、东北、中西部、边疆等重点地区，扩大航空应急救援装备示范应用。预计到 2027 年，全国航空应急救援领域对 eVTOL 及其配套设施的理论需求规模有望达到数百亿元量级。

未来的"空中的士"——城市内/外出行。2022 年，全国 36 个主要城市工作日高峰期平均运行速度为 22.7 km/h，较 2021 年提升了 0.1 km/h，总体处于中度拥堵状态。其中，89% 的城市（32 个）速度处于 18~25 km/h，处于中度拥堵状态。eVTOL 的特点在于可垂直起降、不需要跑道、电池能源清洁、噪声小，具备在城市里推广的条件。未来，随着 eVTOL 全自动飞行技术、紧急避障、降噪等技术的不断成熟，以及低空基础设施体系的日臻完备、低空空管系统和飞行保障系统的高度智能化发展，叠加飞行器批量生产成本的降低，eVTOL 应用或将向城市内/外交通方向拓展，"空中的士"时代呼之欲出。根据统计数据预测,我国"空中的士"的远期理论需求空间或有望超过数万亿元。

7.1 低空载客的运营发展阶段

参考南航通用航空有限公司于 2023 年发布的《客运 eVTOL 应用与市场》[25],基于对技术、市场、政策等方面因素的考量,eVTOL 国内客运应用市场发展大致可以分为以下三个阶段。

(1) 导入阶段(2025~2030 年):市场应用以空中游览飞行、医疗转运为主。

(2) 爆发阶段(2030~2035 年):AAM 市场规模持续扩大,"空中出租车""空中小巴"等模式开始出现并普及。

(3) 普及阶段(2035~):小型 eVTOL 进入私人市场,满足各类出行需求,逐步转变为高度自主化、自动化的"空运"社会。

7.2 我国低空经济的运营状况

1. 无人物流配送

2022 年,全国即时配送订单接近 400 亿单,年均复合增速超过 35%,随着即时配送的持续增长,以无人机构建的空中运输网络将成为即时配送的主流。目前,中国邮政、顺丰速运、京东物流、美团外卖等服务商均已推动无人配送落地。例如,截至 2023 年 8 月底,美团无人机配送已在深圳、上海等城市落地 7 个商圈、17 条航线,累计完成用户订单超 18.4 万单。再如,顺丰丰翼无人机在大湾区的日均运输量已达 6 000 单,构建了快递配送、同城急送等多场景体系。相较于地面人车运输,无人机空中运输拥有更灵活、便捷、安全、高效的配送价值,在短途运输、物流配送、精密装备、冷链生鲜等方面潜力巨大,且商业模式已经成熟,只待低空空域的进一步开放和监管配套制度的完善,无人机配送必然会迎来大规模应用。

2. 低空多场景融合

相较于无人机在城市大规模配送引起的安全争议和配套设施滞后,无人机和通航在农业、救援、应急、巡检、警用等公共、特定场景的发展更快速。

例如,截至2023年10月,大疆农业无人飞机全球累计销量超过30万台,累计作业面积突破60亿亩次。再如,内蒙古通航自2020年启动通航航空护林业务以来,为锡林郭勒盟、赤峰市、兴安盟等地航空护林,累计飞行1371小时、348架次,累计巡护面积达630万平方千米,极大降低了林区安全隐患。小到交通拥堵、城市管理,大到自然灾害、应急救援,无人机和通航都存在广阔的应用市场。

3. 空中出旅交通

目前,国内外均在积极探索低空出行和低空旅游。在低空出行方面,2024年以来,深圳开通多条城际"空中的士"航线,将原来的1小时时效缩短至10分钟,极大满足了高端商务、紧急出行需求。此外,新加坡、巴黎等国际城市也计划在2025年推行空中客运模式,低空出行已成为现实。从供给端看,近年来国内多家车企也纷纷加速研制飞行汽车,为空中出行提供了坚实的载体支撑,例如2024年,中国民航局向广州亿航颁发了全球首个无人驾驶电动垂直起降(eVTOL)航空器型号合格认证,这标志着我国已有飞行汽车具备了载人商业运营的资格。在低空旅游方面,目前国内外多个地区尤其是景点均在积极布局以通航为主体的低空旅游,并形成了一套完整的产业链,例如,成都龙泉驿区洛带古镇利用通航机场开辟空中游览项目,丰富了旅游场景,实现了古镇经济的立体转化;成都金堂县淮州通航机场先后开通至自贡、广汉等6条低空旅游观光航线,累计接待游客80 000余人次。

2024年7月22日,亿航智能宣布中国民航局已于近日正式受理其旗下专门从事UAM运营服务的全资子公司广东亿航通用航空有限公司(简称亿航通航)及其合资运营公司合肥合翼航空有限公司(简称合翼航空)分别递交的民用无人驾驶载人航空器运营合格证(air operator certificate,AOC)申请,对两家公司开展无人驾驶载人航空器经营许可和运行合格审定,并在审查流程、审查科目、审查框架等方面与申请人达成共识。中国民航局也于近期组建了专业审查团队,正式开展后续相关审查工作。

除了亿航通航和合翼航空之外,亿航智能在广州、深圳、太原、无锡等城市的合作伙伴也在同步筹备,积极推进AOC审定申请,加快推动EH216-S在当地低空经济商业运营的示范样板建设。这是亿航继实现首次eVTOL载人飞行(亿航智能EH216-S在成都完成载人首飞,首批体验者是这些行业大咖)和进军香港后的又一突破(香港冠忠巴士集团出手布局低空经济,购买30架eVTOL航空器)。

同时,巴西航空工业公司旗下的 eVTOL 上市公司 Eve Air Mobility(简称 Eve)宣布,其首架全尺寸 eVTOL 原型机的组装工作取得了重大进展,这架原型机在 2024 年举办的"范堡罗国际航空航天展"期间亮相。据介绍,Eve 目前签署了近 2 900 架 eVTOL 飞机意向协议[26]。

7.3 我国低空飞行营地建设

根据国内低空领域航空市场现状分析,未来我国将建设超过 2 万多个航空飞行营地,以此释放低空领域的巨大消费潜能。由于航空飞行营地有着审批手续快、建设周期短、场地灵活等特点,旅游风景区、体育产业发展基地、大型体育场馆、大中小学校园等满足航空运动飞行的基础设施都可以成为航空飞行营地的载体。

目前,中国航空运输协会(简称中国航协)正与全国 170 万个体育场地,以及旅游景区、高速公路空闲服务区、露营场地和不饱和通航机场开展融合,按星级标准建设航空飞行营地,其中五星级占比 1%、四星级占比 29%、三星以下占比 70%[27]。

据了解,建设航空飞行营地已列入国家发展通用航空业的重点任务。

徐家庄飞行营地

航空体育运动项目场地的开放标准已由国家标准化管理委员会颁发。中国航协起草了航空飞行营地的相关管理办法,正在研究制订营地的建设标准。

整套航空飞行营地资料包括申请报告、航空营地名单、航空营地项目书、相关政策及活动方案等。

7.4 低空运营模式展望

根据目前国家多产业融合及产城结合的发展需求,可尝试创新性地将通用航空、高速、无人机、物流等相关行业进行整合优化,形成全新的、具有革命性和颠覆性的商业模式。

在具体的实施过程中,可以概括为"两张网",即天网(交通低空网)和地网(交通物流网),并将工业化与信息化深度融合,应用互联网、物联网、无人机技术,提升服务水平,实现高起点运营,适应市场发展要求,创造良好的经济和社会效益[28]。

1. 交通低空网

近几年,国内的通用航空业是一个很热的话题,于是有大批的通航公司如雨后春笋般出现,通航公司之间的竞争越来越激烈。在这种情况下,需要对现有通用航空业务模式进行创新。高速公路网络是通用航空业发展的最佳资源空间,即打造高速交通低空网。

高速服务区本是作为高速公路产业配套设施产生的。基于高速公路网络化、服务区规模化的发展趋势和服务水平不断提高的形势,需要在服务区综合型立体空间发展上进行思考与探索。在一些发达国家,服务区收入占整个路段公司主营收入的一半以上。而我国大部分服务区仅仅是提供一些基础服务设施,这不仅不能满足司乘人员的需求,也没有为高速公路提供新的利润增长点,服务区依然存在着巨大的发展空间。

高速服务区经营已不仅仅局限于加油、餐饮等基础项目,而且具有旅游、休闲、购物、观光、展示、物流、仓储、低空旅游、应急救援等一系列服务功能。我们应以一种科学的、超前的、广阔的视野和面向市场的态度去研究它、探索它,在发挥其社会效益的基础上更大程度地挖掘它的经济效益。

2. 服务区的物流功能

把服务区建设成为区域城市的物流中心、无人机物流中心、冷链中心、仓储中心。根据省市区域内的实际情况,通过高速的交通优势及服务区的节点优势,以大交通大物流为突破口,进行物流的开拓创新,科学规划服务区成为先行先试的试验区。

3. 服务区的通航功能

把服务区建设成为区域城镇的直升机临时起降点、低空飞行服务站、应急救援中心、高速巡查和指挥中心等,通过服务区现有基础设施,建设众多临时起降点,并结合在各区域城市建设的通用机场网络,形成覆盖一定区域的通用机场-高速交通低空飞行网络,以此提供诸如航空护林、电力巡线、应急救援、医疗救援、高通指挥、高速巡查等通用航空公共服务。

4. 高速交通物流网

《互联网周刊》给出了"2019年物流企业(互联网指数)100强"榜单,顺丰快递、圆通快递、申通快递、韵达快递、中国邮政速递物流、德邦物流、中通快递、日日顺物流、敦豪(DHL)、美国联合包裹运送服务(United Parcel Service,UPS)公司等物流企业分别排名前十位。其中,绝大多数企业已布局航空物流,包括货运航空、无人机物流等。

美团快递应用

随着市场竞争的日趋激烈,物流向买方市场转变,客户对物流服务在深度与广度上的要求将更高,单纯提供货物运输、仓储服务的传统服务已不能满足当今市场的需要,客户要求物流企业能参与客户物流资源的内外统筹配置,提供量体裁衣的个性化物流服务。

交通物流的发展是顺应国内、国际经济形势，符合国家"一带一路"长远战略发展规划的要求，基于高速网络形成的高速低空网络，运用无人机技术，发展无人机物流，改变传统的物流模式，降低物流成本、提高物流效率，同时，延伸出为客户供应链的上游与下游企业服务，达到提高整体供应链效率的目的，通过干散货等大宗商品物流业务带动大宗商品贸易及供应链金融服务，增加增值服务，这样才能达到真正提高客户的整体竞争力的目的。

项目通过高速服务区因地制宜立项实施综合型智能物流创新服务区项目，先行先试启动落地，将惠及民生，起到示范性产业的带动作用，获得社会效益与经济效益双丰收，而各个城市的物流城园区还没有形成相互链接一体化的智能物流基地集群，在行业结构上与产业效能上，这正是服务区综合型智能物流项目的优势。

另外，高标准的现代物流和无人机物流基础设施的建设，将为所在区域省市及周边辐射省市区域内的物流结构布局提供完善的基础设施支持，使整体物流的布局、分工和功能应用更加完善。

高速服务区的创新规划建设必将打破固有模式思维，先行一步创新示范，推动未来二三线城市围绕一线城市群，围绕民生改善围绕经济发展空间格局，围绕创建新的生活圈模式，合理地进行资源再优化，培育新的经济增长点。

5. 建设省市通用航空公共服务体系的必要性

目前，各省市正在积极布局和发展通用航空业，其中特别关注通用航空在公共服务领域的积极作用。而通用机场网络的投资和建设将是首要工作，正如"要致富、先修路"的道理，同时将省市区域内的高速公路网络及服务区全面纳入，与省市区域内的通用机场形成覆盖省市区域全境的高速-通用机场低空网络，为医疗救援、警务航空、海事、航空护林、航空消防、政务飞行等飞行活动提供诸如空域、机场、油料、空管和维修等各项综合基础保障。

6. 搭建全产业链多元盈利的发展平台

随着我国通用航空产业的快速发展，以及基于省市区域加快建设通用航空公共服务体系的重要契机，加快在通用航空领域发展的重要战略布局，不仅将抢占省市区域通用航空机场布局的稀缺性资源，还将为高速低空网络运营提供可靠保障。

短期内，通用航空机场或高速公路服务区飞行服务站以提供通航飞行服务和无人机物流为核心业务，伴随着通用航空产业的蓬勃发展，盈利模式

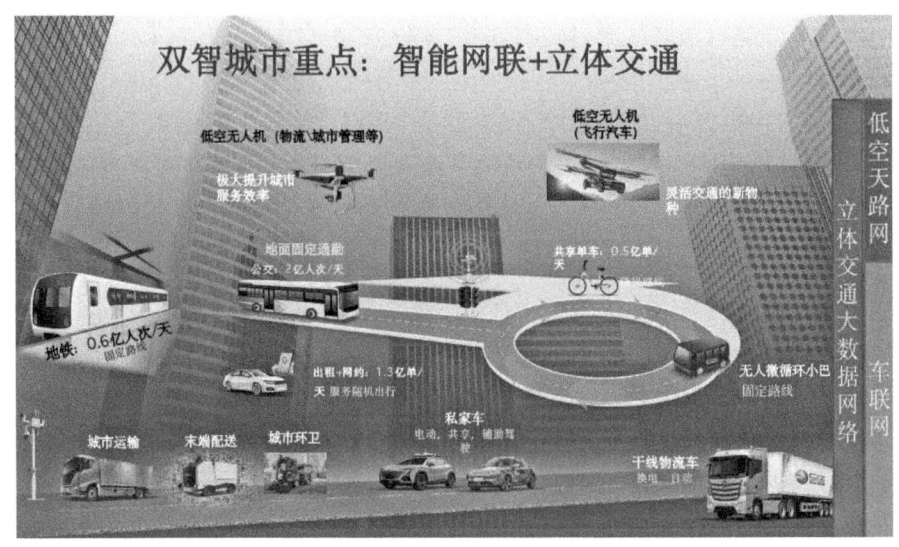

深圳立体交通方案

将逐步增加。更为重要的是,伴随着在省市区域内通用机场网络的建立,将从产业链的运营环节到机场等基础保障支持环节发展,为今后公司向研发、组装制造、维修和服务领域等环节发展奠定坚实的基础。

7. 结合高速网络打造立体化综合区

目前,可由省级交通集团负责省市区域内大多数高速公路等的建设布局,在此过程中将通用机场(含直升机起降点)进行统筹规划,省级交通集团在与政府相关部门进行土地或项目对接的同时,直接对发展通用航空的项目一并进行对接,实现资源共享、优势互补、联动发展,打造"陆空"为一体的综合服务项目,实现国际货运、国内货运、支线货运、通航货运和无人机物流等"以点连线呈面"的"路铁空"立体物流的综合发展,这不仅是未来产业发展的趋势,更有助于提升项目竞争力和影响力,实现共赢、可持续的发展。

8. 产业延伸发展的商业生态圈

通过通用航空和无人机物流产业的发展,配套发展关联产业和延伸产业,如旅游、餐饮、度假、休闲、娱乐、地产等,逐步形成一个运行良好的通航综合发展平台。同时,由于商业生态圈和通航综合发展平台的发展,整体土地增值非常可观,而且还可获得良好而稳定的商业收入。

9. 投资稀缺性就是投资未来

通用机场或高速公路服务区飞行服务站的建设对于通航产业发展的影

响是至关重要的,也是最基础性的因素。随着低空的逐步开放,全国都在大力发展通用航空产业,各地筹建通航机场的积极性更甚以往。

以我国经济的发展速度、人口总量和国家政策的支持,未来我国通用航空的发展水平赶上美国不会是一件很遥远的事情,而我国的土地资源有限,机场审批严格,未来通用机场或高速公路服务区飞行服务站就是一种非常稀缺的资源。那么,谁掌握了这种战略性稀缺资源,谁就能掌握我国通用航空的未来。

在目前"低空开放"的政策环境下,通航机场的投资者允许同时经营通航飞行业务,机场和飞机可以同时从属于同一个利益主体,共同协调运营。通用航空机场的资产属性,得以完整覆盖并且能够实现最大化。

通航机场具备极高的投资价值。空域是资源,拥有既定空域的通航机场,更是稀缺资源,与支线机场相比,通航机场所占有的空域资源更为宽阔,应用范围也更加广泛,因而投资价值也更加明显。

第8章
低空航空器适航要求与法规解析

对于低空航空器研发企业来讲,首要的问题就是如何设计生产出好的产品并成功推向市场,在这中间有一个非常关键的环节,就是适航取证。从某种程度上说,适航取证的进展是决定企业能否顺利发展的核心因素。因此,针对民用航空器,如何取得型号合格证、适航证、生产许可证是企业发展的关键,电动垂直起降(eVTOL)航空器也不例外。

民用航空器适航证分为标准适航证、特殊适航证、出口适航证、外国适航证、特许飞行证等几大类。民用航空器适航审定的核心目的是检查飞行器的安全飞行能力是否符合要求。

根据《中华人民共和国民用航空法》和《中华人民共和国民用航空器适航管理条例》规定,民用航空器的适航管理由中国民航局负责,需要对航空器的设计、生产、使用和维修,实施以确保飞行安全为目的的技术鉴定和监督。民用航空器适航需要取得3项合格证,分别如下。

(1)型号合格证(type certificate,TC):任何单位或者个人设计民用航空器,应当持设计项目的审核批准文件,向民航局申请型号合格证。

(2)适航证(airworthiness certificate,AC):按照规定生产的民用航空器,须经中国民航局逐一审查合格后,颁发单机适航证。

(3)生产许可证(production certificate,PC):任何单位或者个人生产民用航空器,应当具有必要的生产能力,并应当在获得型号合格证后,向中国民航局申请生产许可证。

对于eVTOL适航审定,中美都采用一事一议的方式,针对产品的具体情况作具体认定。对于每一个特定的eVTOL项目或产品,其适航认证标准的制定都是独立进行的,而不是采用一套固定的、适用于所有情况的统一标准。中国民航局在尝试对动力电池和电机等关键设备单独制定相应的规范标准或要求,在经验积累足够的基础上适时发布中国技术标准规定(China Technical Standard Order,CTSO)或 AC 以指导相关适航审定工作的开展,以降低取证成本和负担。

欧洲专门为 eVTOL 制定了总体政策规定(EU 2024/1111),简单来说,欧洲针对有人驾驶 eVTOL 重新制定了一套"基本法",推进城市空中交通的发展。

从飞机构型方面看,适航难度也有所不同。多旋翼、复合翼、倾转翼的成本、速度、载重、里程、技术难度依次递增。

由于多旋翼没有采用强制的过渡转换过程,即规避掉了在垂直起降和水平飞行转换之间的飞机失控等风险,因此试验次数减少许多,取证速度更快一些;我国亿航审定以 CCAR-27 部《正常类旋翼航空器适航规定》为基础,再加上针对无人驾驶和多旋翼特性的补充条款,这与国外如 Joby、Archer 的标准证书不同,在操作系统的审定上相对简化。

中国民航局针对亿航的审定路线是:先通过颁发 TC 进行试运营,再在运营过程中逐步完善运营条款,为市场各方增加信心的同时也为其他主机厂技术路线制定提供了一个参考。

美国针对两项产品公布了适航准则:一个是公认的行业龙头 Joby 公司的 JAS4-1,FAA 公布的正式适航准则自 2024 年 4 月 8 日起生效,后续正式进入适航审定流程;另一家是 Archer,2024 年 5 月,Archer 公司旗下 Midnight 飞机的最终适航标准公布。两款产品均为有人驾驶的倾转旋翼 eVTOL。欧洲方面,德国 Lilium(最大股东为腾讯)、Volocopter(吉利投资)先后取得欧洲航空安全局(European Aviation Safety Agency,EASA)和 FAA 的适航审定基础。

适航认证测试涵盖场地、报告撰写、合规性调整等一系列环节,需要模拟极端天气条件、飞行状态和负载情况的实验室,以及用于地面测试和飞行测试的场地;适航认证过程要求提交大量专业文档,包括设计规格、测试计划、测试结果和分析报告。

8.1 eVTOL 适航证照(TC、PC、AC)简述

型号合格审定是中国民航局对民用航空产品和零部件进行设计批准的

过程,这一过程确保了航空器的设计符合安全标准。审查内容包括设计、标准和验证三个方面:设计审查确保航空器设计满足安全要求;标准审查确保航空器符合相关的技术标准;验证则是通过试验和测试来确认设计符合这些标准。成功通过型号合格审定的航空器将获得型号合格证(TC),这是适航审定的第一步。

型号合格证是中国民航局根据《民用航空产品和零部件合格审定规定》颁发的、用以证明民用航空产品符合相应适航规章和环境保护要求的证件。型号合格证主要包括以下内容:型号设计、使用限制、数据单、有关适航要求和环境保护要求,以及对民用航空产品规定的其他条件或限制。

民用航空器只有通过型号合格审定,才能投入生产和使用。型号合格审定流程从申请到颁证,一般要经历五个阶段:项目受理和启动、要求确定、符合性计划制定、符合性确认、颁证。对于小的项目,以上阶段可能被压缩或合并。

不同类别的民用航空器型号审定流程略有不同,简述如下。

(1)正常类、实用类、特技类、通勤类和运输类飞机,正常类和运输类旋翼航空器,航空发动机及螺旋桨型号合格证的申请,应向中国民航局提交。

(2)其他民用航空产品,如载人自由气球、特殊类别航空器、初级类航空器、限用类航空器和轻型运动类航空器型号合格证的申请,应向申请人所在的地区管理局提交。型号合格审定需对产品安全性、适航性、可靠性、抗干扰性等进行多轮测试。

以亿航公司为例,公司于2020年12月28日向中国民用航空管理局适航司提交了EH216-S型无人驾驶航空器型号合格证申请书,并于2021年1月获得受理;2023年10月13日,EH216-S获得中国民航局颁发的全球首个型号合格证,表明其型号设计充分符合安全标准与适航要求,具备载人商业运营的资格。EH216-S型号合格取证整体历时近3年[29],其间在我国多地的专业航空实验室和试验场地进行了大量实验室试验、地面试验和飞行试验,进行了超过500个科目的摸底试验、4万余架次的调整试飞,以及65大项、450多个科目的正式符合性验证试验,对产品的安全性、适航性、性能、功能、使用、可靠性等进行了全面且严格的验证。EH216-S的型号认证为我国乃至全球eVTOL企业的适航取证起到了示范效应。

生产许可审定(PC)是对已经获得型号设计批准并欲重复生产的制造人所进行的资格性审定,这一过程确保了生产过程中的航空器和零部件符合经批准的设计,保证每一架出厂的航空器及其零部件均符合型号设计和安全要求。审查内容包括生产组织及控制、质量管理与综合管理水平等,这确保了生产过程的质量控制和产品的一致性。通过生产许可审定的企业将获得生产许可证(PC),这是进入下一阶段使用认证流程的前提。

生产许可证是证明企业在有效的质量系统控制下能够重复生产出符合经批准的型号设计,并处于安全可用状态的航空器。

(1) 生产许可证的作用:中国民航局经过审查申请人的质量控制资料、组织机构和生产设施后,认为申请人已经建立并能够保持符合相关规定的质量控制系统,且其生产的每一架民用航空产品均符合相应型号合格证或型号设计批准书、补充型号合格证或改装设计批准书的设计要求后,所颁发的生产体系认证证书。这张通行证的作用在于要求有一个符合要求的质量保证体系,使得企业能够按照批准的工程设计资料持续稳定地生产出安全可用的产品。

(2) 生产许可证的法律依据:依据适航规章《民用航空产品和零部件合格审定规定》(CCAR-21-R5)及适航管理程序《生产批准和监督程序》(AP-21-AA—2023-31R2)。

(3) 申请资质:① 持有或者已经申请型号合格证;② 持有或者已经申请补充型号合格证或者改装设计批准书;③ 持有上述证件的权益转让协议书;④ 利用位于中国之内的生产设施生产具有型号认可证或者补充型号认可证的民用航空产品,并持有该民用航空产品的型号合格证或者补充型号合格证的权益转让协议书。

适航合格审定(AC)是CAAC对民用航空产品和零部件的适航批准过程,旨在确认产品和零部件符合经批准的设计并处于安全可用状态。审查内容包括对航空器的实际性能和安全性进行检查,以确保其在实际运行中的安全性和可靠性。通过适航合格审定的航空器将获得适航证,这是航空器合法开展运行的必要条件。

8.2　eVTOL 航空器的适航审定基础

适航审定主要是为保障民用航空活动安全,维护民用航空活动秩序,规范民用航空器的适航管理,对民用航空器的适航检查及相应适航证件进行管理。

eVTOL 航空器的技术新颖性给适航审定带来了挑战[30]。由于其独特的设计和运行模式,需要制定新的审定标准和方法。目前,世界各国还没有一个统一的适航标准,缺乏合适的审定基础。普遍采用的方法是专用条款,一机一策。在现有的 CCAR-25、CCAR-23 及 CCAR-27 中寻找适用条款,合并而成。适航审定是一个复杂的过程,通常需要较长的时间来完成。这对于快速发展的 eVTOL 行业来说,将直接影响其商业化进程。随着全球化的发展,eVTOL 航空器的适航审定可能需要不同国家和地区的民航管理部门之间进行合作和协调。随着技术的成熟和经验的积累,预计 eVTOL 航空器的适航审定进程将会加快,以适应行业的发展需求。

为了提高审定效率和降低审定难度,未来的适航审定工作将趋向于标准化和规范化,制定统一的国际标准和指导文件。随着技术的不断进步,eVTOL 航空器的设计将更加先进,这将推动适航审定标准的不断更新和完善。eVTOL 试验验证与适航审定是确保航空器安全运行的关键环节,通过对设计、生产和实际性能进行严格审查,可以确保 eVTOL 航空器在投入使用前具备适航性。eVTOL 航空器的适航审定工作将会更加高效和规范,为航空器的商业化运营铺平道路。同时,持续的技术创新和国际合作将是推动 eVTOL 适航审定发展的重要因素。

2024 年 5 月 23 日,欧盟委员会批准了针对 eVTOL 的总体政策规定(EU 2024/1111),由 EASA 具体实施,自 2025 年 5 月 1 日起生效。本规定只针对有人驾驶 eVTOL,对此类 eVTOL 涉及的适航、运行、飞行员执照等所有现有规章进行了解读、补充和修订,是欧盟截至目前对 eVTOL 最全面、最基础、最重要的规定。本规章的重点主要有:对 eVTOL 进行了航规上的明确定义,从此以后,eVTOL 在欧盟和 EASA 的文件中有了法定的正式名称——可垂直起降的航空器(vertical take-off and landing-capable aircraft, VCA),而不称为 eVTOL。本规章将 eVTOL 归入旋翼类(rotorcraft)航空器类别下,此类别分为直升机(helicopter)和 VCA 两类。其中,对直升机的定义为:一种主要依靠空气对最多两个主要在垂直方向安装的动力驱动的旋翼的作用力而飞行的旋翼机(helicopter means a type of rotorcraft supported in flight chiefly by the reactions of the air on up to two power-driven rotors on substantially vertical axes)。对 VCA 的定义为:除飞机或旋翼航空器以外的,由动力驱动、重于空气的航空器,能够通过在起飞和降落期间提供升力的升力和推力装置进行垂直起降(VCA means a power-driven, heavier-than-air aircraft, other than aeroplane or rotorcraft, capable of performing vertical take-off and landing by means of lift and thrust units used to provide lift during take-off and landing)。由此可见,VCA 指的是 eVTOL 类航空器。从此以后,eVTOL 在欧盟和 EASA 的文件中有了法定的正式名称 VCA。

实际上,在 EASA 的正式文件中,从未使用过 eVTOL 的名称,此前在适航规章中称为专用条件垂直起降航空器,但未进行明确定义。本节既然是该规定的解读,就与该文件保持一致,称为 VCA。在此值得一提的是,各国航管部门其实从未在正式文件中使用过 eVTOL 这个名称。

FAA 于 2022 年将 eVTOL 归入 21.17(b) 所属的"特殊类别"(special class),称为 powered lift,在针对 Joby 和 Archer 的 eVTOL 发布的适航审定专用条件中就是采用"型号+powered lift"的形式来称呼(详见 FAA 发布的 Archer eVTOL 适航审定专用条件和 Joby eVTOL 适航审定专用条件正式文件,FAA 可能调整了 eVTOL 适航审定政策)。需要说明的是,从名称就可以看出,此类别还包括 V-22 和 AW609 这种传统的倾转旋翼垂直起降飞行器,因此 eVTOL 在 FAA 还没有专门的名称。而在欧盟的规则中,VCA 是与 powered lift 航空器并列的,因此可见,EASA 对 VCA 和 powered lift 是分别对待的。各国局方不使用 eVTOL 这个名称,除了这个名词是由企业推广的原因以外,更重要的可能是因为 eVTOL 并不是一个准确的称呼,很难从技术上进行严格界定。

eVTOL 的称呼来源于 eVTOL 的一个关键人物——Mark Moore。2009 年,还在 NASA 担任工程师的 Mark Moore 在一篇论文中首次使用了 eVTOL 的称呼,他在论文中提出了一个尾座式单座 eVTOL 的设计概念。Mark Moore 在 NASA 工作了 30 多年,参与了多个航空技术创新项目,直接参与发起并领导了 21 世纪初 NASA 的通航小飞机运输系统(small aircraft transportation system,SATS)项目。优步(Uber)公司于 2016 年 10 月发布了著名的掀起 eVTOL 热潮的《城市空中交通白皮书》,使用了 eVTOL 的名称,由此随着优步公司、摩根士丹利等金融机构及相关企业的使用和推广,eVTOL 逐渐成为此类航空器一个流行的称呼。

飞标方面,该规则明确了飞行员和基本运行条件。首先,这个规则明确只适用有人驾驶 VCA,不涉及无人驾驶自动飞行 VCA。FAA 和 EASA 对无人驾驶载客飞行器都非常谨慎,目前欧美主机厂里只有 Wisk 还在坚持无人驾驶路线,该规则允许持有商照的固定翼飞机和直升机飞行员驾驶 VCA,也允许持有仪表飞行执照的飞行员驾驶 VCA 按仪表飞行规则飞行,但对改装训练提出了详细的要求,具体参见文件引用和修订的现有规章[31]。

8.3 亿航 EH216-S 无人驾驶航空器系统专用条件示例

亿航 EH216-S 航空器

如下内容摘自中国民用航空局空中交通管理局(简称民航局空管局)官网发布的"亿航 EH216-S 无人驾驶航空器系统专用条件",部分内容示例如下。

PEU.A000 适用范围及定义

(a) 本专用条件适用于民用无人驾驶航空器系统,其所包含的无人驾驶航空器具有 PEU.A005 的特征;

(b) 以下定义适用于本专用条件:

(1) 无人驾驶航空器系统是指无人驾驶航空器以及与其有关的遥控台(站)、任何载荷和控制链路等组成的系统。本专用条件简称航空器系统;

第8章 低空航空器适航要求与法规解析

(2) 民用无人驾驶航空器是指没有机载驾驶员操纵、自备飞行控制系统,并从事非军用、警察和海关飞行任务的航空器,不包括航空模型、无人驾驶自由气球和系留气球。本专用条件简称航空器;

(3) 远程机组指控制无人驾驶航空器的远程飞行员以及直接参与无人驾驶航空器运行的任何人员。

(c) 本专用条件B、C、D、E章的要求,除特别说明外,仅适用于无人驾驶航空器。

PEU.A005 无人驾驶航空器

本专用条件中的无人驾驶航空器具有以下特征:

(a) 全电动动力系统;

(b) 最大座位数不超过2座;

(c) 最大起飞重量不超过650千克;

(d) 可垂直起降;

(e) 以动力调整实现飞行操纵;

(f) 非增压座舱。

PEU.A010 可接受的符合性方法

(a) 申请人应采用局方可接受的符合性方法表明对本专用条件的符合性。局方可接受的符合性方法包括公认标准和局方接受的其他标准;

(b) 申请人应按局方规定的格式和方式提交符合性方法。

PEU.B000 重量和重心

(a) 应当制定航空器可安全运行的重量和重心限制;

(b) 应当用重量和重心临界组合来符合本章各条要求,这些临界组合应在航空器装载状态内确定,并符合局方可接受的允差;

(c) 应当明确用于确定空机重量和重心的航空器状态,该状态应易于复现。

PEU.B005 性能数据

(a) 除非另有规定,应当按以下条件满足本章的性能要求:

(1) 按静止空气和海平面标准大气条件;

(2) 必要时,按运行包线内的环境大气条件。

(b) 除非另有规定,应当按以下条件制定本章要求的性能数据:

(1) 起降场地高度从海平面到最大审定的飞行和着陆高度;

(2)在运行限制范围内,标准温度之上和之下对性能有不利影响的温度。

(c)依据本条(b)款确定的性能数据,应当考虑由于大气条件、冷却需求和其他动力需求引起的损失,以及动力系统自身性能降级引起的损失。

PEU.B010 飞行包线

(a)应当为运行中使用的每个飞行构型确定正常、运行和限制飞行包线;

(b)飞行包线的确定应当至少考虑到航空器每个飞行构型下的最不利条件。

PEU.B015 起飞

应当确定航空器起飞性能,确定时需考虑:

(a)运行飞行包线;

(b)障碍物安全裕度。

PEU.B020 爬升

(a)设计应当符合在以下条件下的无地面效应的最低爬升性能:

(1)在正常飞行包线范围内;

(2)如适用,在运行包线范围内。

(b)应当考虑航空器在最大允许的动力系统失效情况下的临界爬升性能。

PEU.B025 着陆

(a)应当在运行限制内各飞行参数的临界组合中确定以下内容:

(1)着陆和停机所需的区域,假设进场路径适用于航空器;

(2)进场和着陆速度、构型和程序,该速度、构型和程序能保证航空器在指定区域内着陆,不会造成航空器损坏或人员伤害,且能中断着陆或复飞。

(b)航空器在着陆接地过程不应出现弹跳、翻转、地面打转等不稳定趋势。

PEU.B030 操纵性和机动性

(a)在以下情况,航空器在运行飞行包线内应当具有满意的操纵性和机动性,且无需远程机组特殊的技巧、警觉和体力,并且应当在限制飞行包线内可控和机动:

(1) 申请审定的所有装载情况;

(2) 在地面或空中飞行的所有阶段;

(3) 在所有降级飞行控制系统操作模式下;

(4) 应当证明风速从零至最大限制值条件下航空器的可操纵性。

(b) 航空器应当能够从一种飞行状态平稳过渡到另一种飞行状态,并且不会有超出限制飞行包线的风险。

PEU.B035 飞行品质

(a) 在整个飞行包线范围内,航空器应当在所有轴向上都具有合适的稳定性;

(b) 在整个飞行包线范围内,航空器都不得出现任何危及航空器及其乘员的稳定性发散特征;

(c) 在远程机组对航空器进行操作时,应无需特殊技巧、警觉和体力保持上述飞行品质。

PEU.B040 地面和水上操纵特性

航空器在预期的地面或水上运行期间,在起飞和着陆(着水)运行期间应当在所有轴向上都具有满意的可操纵性。

PEU.B045 振动

在限制飞行包线范围内,航空器的每个零件都应当没有过度的振动。

PEU.B050 结冰条件下飞行

(a) 如申请结冰条件下飞行的审定,应当证明航空器可以在申请审定的结冰条件下安全运行;

(b) 如申请结冰条件下飞行的审定,应当提供探测未申请审定的结冰条件的手段,并证明航空器具有避开或脱离该结冰条件的能力;

(c) 应当制定运行限制,禁止故意进入未经审定的结冰条件下飞行,包括起飞和着陆。

PEU.B055 使用限制

应当确定以下飞行信息:

(a) 航空器安全运行所必需的使用限制、程序和说明;

(b) 必要的速度和性能信息。

8.4　eVTOL 试验验证方法

试验验证是确认航空器设计是否符合安全标准的关键步骤。通过一系列的试验和测试,可以确保航空器的设计满足所有的安全要求。试验验证过程中可能发现设计和生产中的缺陷,应加以及时修正,对于确保航空器的安全性至关重要。试验验证不仅可以用来证明设计的合规性,还可以通过实际测试数据来优化设计,提高航空器的性能和安全性。

分布式动力是 eVTOL 飞行器的显著特征。在整机首飞之前肯定离不开一系列的地面试验,需要将动力单元和机体进行耦合试验,最常见的便是风洞试验。有的厂家还创造性地提出了车载试验、轨道试验等方法,模拟动力单元或整机与真实飞行的气流环境。

8.4.1　风洞试验

风洞试验是现代飞行器研制与开发中不可或缺的一环。此类试验通过模拟空中各种复杂的飞行状态来获取试验数据,为飞行器设计提供科学依据。具体的方法就是在特制的管道内,通过人工制造气流流过固定于其中的飞行器模型或实物,以研究气体流动及其与模型的相互作用,其目的就是通过模拟实际飞行条件,评估飞行器的空气动力学特性,包括但不限于升力、阻力和压力分布等关键参数。这些数据对于预测飞行器的性能和安全性至关重要。

风洞试验基于运动的相对性原理,即在静止的风洞中放置模型,通过控制气流的速度来模拟飞行状态。风洞试验需确保模型与实际飞行器在几何形状和比例上的相似性,同时试验中的流场应尽可能模拟实际飞行中的流场,包括雷诺数、马赫数等数据的匹配。

风洞实验可分为实物实验和模型实验两大类。实物实验有飞机飞行实验等,而模型实验则多指风洞内的模型测试。按运动方式分类:分为静态模型(如风洞实验)和动态模型(如飞行实验)两种形式,前者通过风洞产生气流,后者则是模型自身在空气中移动。

风洞试验要求极高的精确度,例如,模型的阻力系数误差在特定马赫数范围内需控制在极小的数值内。准确的迎角测量技术是获得高精度气动特性试验数据的基础,对于减小气动力系数误差至关重要。

风洞试验作为现代飞行器研制的重要环节,其科学性、精确性和实用性对于航空器的安全运行和性能优化具有决定性意义。风洞试验是传统航空飞行器实际研发中必不可少的一环,即使在计算流体力学快速发展的今天,依然不能取代风洞测试。风洞试验的优点很多,可以提供低湍流度来流,可以测试静态和动态等不同状态。但是风洞试验的缺点很明显,即费用昂贵。

1. Joby(电动垂直起降飞行器)风洞试验

2023年初,Joby公司在美国NASA艾姆斯(Ames)研究中心的国家全尺寸空气动力学综合设施(National Full-scale Aerodynamics Complex,NFAC)的40 ft×80 ft风洞中开展了Joby S4飞行器动力单元的测试工作。据称,NFAC是全世界最大的全尺寸风洞群,40 ft×80 ft风洞可以提供最大值为300 kn(555 km/h)的风速,可以完全覆盖Joby S4的最大飞行速度。

测试涵盖了桨叶在不同倾转角、不同飞行速度下的性能和载荷特性。Joby风洞试验累计持续了几个月的时间,获取了超过1 000个不同工况的数据,包含飞行包线内的各种可能的情况。

风洞试验照片

2. Archer风洞试验

2023年,Archer公司在瑞士的RUAG亚声速风洞完成了为期6周的测试。测试对象是27.6%缩比的Midnight eVTOL飞行器。Archer提到,测试累计获取了800多条数据,对飞机的气动特性、各部件阻力特性、飞机的操纵性和稳定性均进行了全面的测试,本次测试甚至还对整机在结冰条件下的性能衰减进行了研究。

本次测试中动力单元是不工作的,Archer计划在未来的风洞测试中研究推进系统对整机性能的影响。

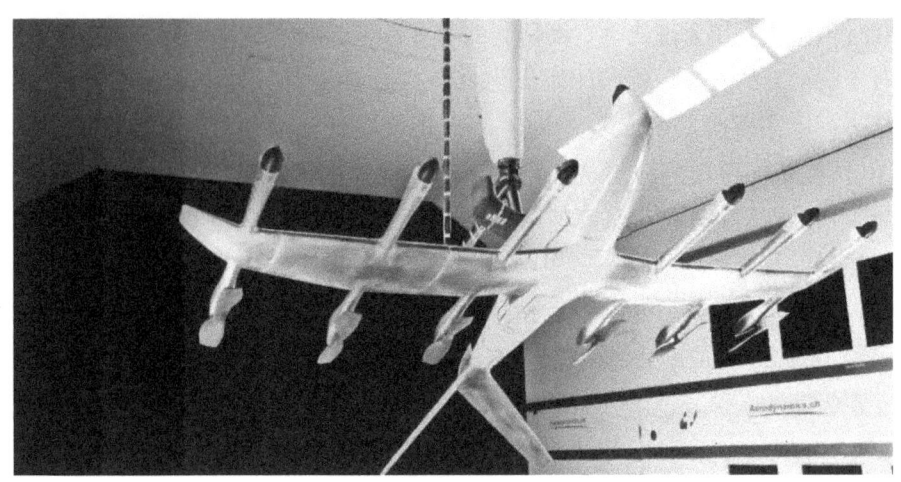

原型机模型风洞试验

3. Horizon 风洞试验

Horizon 公司针对自家的 Cavorite X5 50%缩比模型在 ACE 环境风洞中开展了系列测试,测试速度涵盖了飞机 80 km/h 的转换速度。

4. Textron Nexus 风洞试验

Textron 公司在放弃了 6 倾转涵道风扇 eVTOL 方案后,又推出了 4 倾转 6 旋翼方案,并基于 23%的缩比样机开展了系列风洞测试。

风洞模型试验

通过风洞测试研究了旋翼在倾转过渡过程中的气动特性和功率需求,

同时研究了该构型飞行器对尾翼尺寸设计的需求、动力单元功率的需求、倾转过渡控制策略等多个课题。

5. SkyDrive

日本的 SkyDrive 公司和日本宇宙航空研究开发机构(Japan Aerospace Exploration Agency，JAXA)合作，对 SkyDrive 的旋翼噪声进行了研究。SkyDrive 构型和 VoloCity 类似,前者的旋翼采用了 3 叶片设计,这会产生更少的噪声,在城市场景下使用更环保。

SkyDrive 飞机

JAXA 风洞试验

6. LiLium

LiLium 公司对在研 eVTOL 机型 LiLium Jet 进行了全尺寸动力单元和 40%缩比模型的风洞测试。

(a)

(b)

LiLium 公司模型样机风洞试验

7. NASA

在 AAM 的研发上，NASA 一直走在前列。为了研究 eVTOL 飞行器的分布式动力系统对系统性能的影响及该类飞行器的操控形式，NASA 设计开发了一个名为 LA-8 的验证机，该机起飞重量约 29.5 kg，采用倾转机翼布局，每侧机翼上有两个推进动力单元。

从 2019 年开始，NASA 在低速风洞中对该机进行了多次吹风测试，获取了大量的数据。

第 8 章 低空航空器适航要求与法规解析

NASA 风洞试验

此外,NASA 还搭建了一套多旋翼风洞测试平台,用于验证风洞试验与计算流体动力学(computational fluid dynamics,CFD)、快速理论评估方法等之间的差异,从而进一步提高预测方法的精确性。

8. Amazon(亚马逊)风洞试验

亚马逊很早就开始探索利用电动无人机进行物流包裹配送,探索过的机型包含多旋翼、垂直起降固定翼、尾座式复合翼等。其最新推出的 MK30 机型,采用尾座式 6 旋翼布局,并在风洞中开展了系列测试。

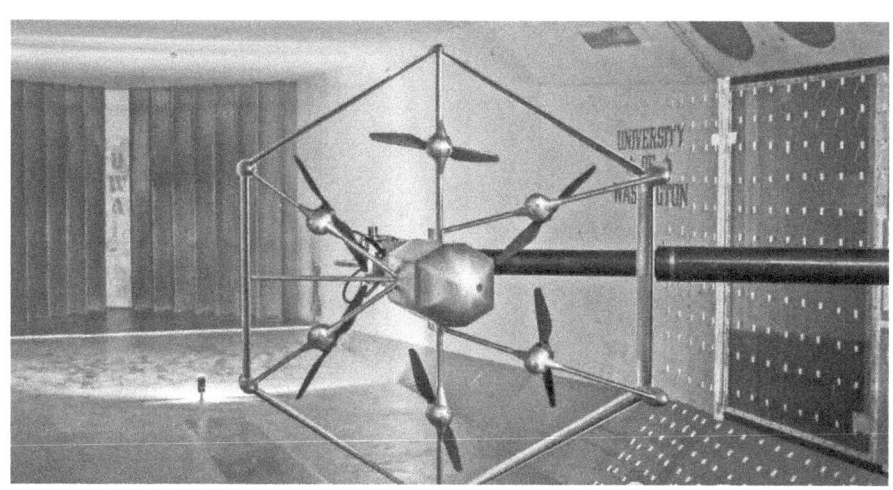

亚马逊风洞试验

8.4.2 车载试验

尽管风洞试验有诸多优点,但考虑到高昂的测试费用,不一定适用于所有与风环境相关的测试。另外,由于 eVTOL 飞行器的最大飞行速度并不高,基于车载的试验平台同样实用且重要。

车载试验示意图

LiLium 公司车载试验

Joby 公司早在开发 S4 飞行器之前,就和 NASA 进行了合作,一起开展 X-57 电动飞行器项目的测试工作,其中一项便是基于车载的全尺寸分布式动力系统测试(车身印有 Joby 字样)。

Joby 公司车载试验

尽管 X-57 项目并不是一架垂直起降飞行器,但是基于车载的测试方法确是有效的,更适合全尺寸分布式动力形式。

Eve Air Mobility 公司的 eVTOL 方案采用了传统的垂直起降动力单元+推进动力单元。其中,垂直起降动力单元在模式切换过程中的气动问题和结构动力学问题耦合严重。该公司基于一辆卡车进行了动力单元测试改装,并完成了系列试验。一般而言,这类 eVTOL 飞行模式切换的速度为 100 km/h 左右,一辆卡车完全可以达到这个速度。

OverAir 公司的 eVTOL 方案 Butterfly 采用倾转 4 旋翼构型,每个旋翼直径达 6.1 米,由 3 片桨叶组成。据称该飞行器采用了体内通信(intrabody communication,IBC)技术,每个叶片都可以独立变距。OverAir 公司搭建了一套车载动力测试平台,并开展了多次测试。

峰飞航空的 eVTOL 方案采用垂直起飞动力+水平推进动力的组合,已完成了多次测试飞行和演示飞行。根据公开报道,峰飞航空于 2023 年 7 月完成了基于车载的 V2000CG 动力系统高原测试。该系列测试很好地获取了不同海拔下桨叶的拉力特性和电机的功率特性,为飞行器性能评估提供了强有力的数据支撑。

峰飞航空动力系统高原高温试验

峰飞航空车载试验

这也体现出了车载测试的另一个优势：灵活多变。分布式电推进系统由电池、电控、电机及桨叶组成，不同海拔及温度对每个部件都有一定影响。传统的风洞测试无法很好地考虑以上因素，因此车载测试反而成了不二之选。

8.4.3 其他试验

为了测试动力系统的使用寿命，Joby 公司开发出一套地面测试设备，命名为"Whirly"。这套系统的主要特点在于在地面建设了一条大直径的圆环形轨道。单个动力系统在轨道上以一定的速度平稳运行,可以模拟真实的飞行环境。这种测试是风洞测试和车载测试所不能替代的,也是国内外其他 eVTOL 开发者们需要补齐的。

Bell 公司在验证其高速垂直起降飞行器动力系统时,用到了一种轨道式测试系统,该套测试设备位于霍洛曼(Holloman)空军基地,也非常适用于 eVTOL 飞行器动力系统的测试。

总之,试验是飞行器设计开发过程中必不可少的一环。在 eVTOL 飞行器开发过程中,不同的构型又对试验设备和试验方法提出了新的要求和挑战,其中最显著的特点就是耦合动力单元的测试。在这些方面,车载试验具有更高的优势:方便灵活、成本可控,毕竟汽车工作一天和风洞工作一天的费用差异巨大。

8.5　eVTOL 飞机安全性要求

任何民用航空器都要确定飞机级的安全性目标,即公众所能接受的航空器失效概率,该目标也是适航管理局颁发型号合格证的重要依据。eVTOL 是全新的飞行器类别,EASA、CAAC 已制定一套全新的适航取证规章,通过适航认证进一步确保飞行器的安全性。eVTOL 飞机的种类与构型繁多,运营场景也各不相同。为了应对 eVTOL 飞机带来的监管挑战并推动其应用普及,需要建立相关设计和操作、适航审定的监管框架。

EASA 颁布的专用条件 SC–VTOL–01 规定,在城市人口密集区运行的垂直起降航空器 VTOL 属于增强型(enhanced)运营范围,该类型的 VTOL 不论载客数目,其最严重的失效状态分类为"灾难性"级别,对应的定量概率(平均每飞行小时的失效概率)不小于 $\leq 10^{-9}$,并且不能由单点失效产生。此级别的失效概率要求与 C919 等大型民用飞机基本相同,确保乘客和地面公众的生命财产安全。

EASA 安全目标与失效条件分类表[32]

失效分类	轻微的	重大的	危险的	灾难性的
定性概率	可能的	微小的	极微小	极不可能
增强型(0~9 座)定量概率	$\leq 10^{-3}$	$\leq 10^{-5}$	$\leq 10^{-7}$	$\leq 10^{-9}$

续　表

基本类型 3(7~9 人)定量概率	≤10^{-3}	≤10^{-5}	≤10^{-7}	≤10^{-9}
基本类型 2(2~6 人)定量概率	≤10^{-3}	≤10^{-5}	≤10^{-7}	≤10^{-8}
基本类型 1(0~1 人)定量概率	≤10^{-3}	≤10^{-5}	≤10^{-6}	≤10^{-7}

相较于 FAA,EASA 对 eVTOL 的适航审定要求更为严格,采用了与行业实际发展密切相关、循序渐进的方法,先后颁布了 eVTOL 的特殊条件文件法、符合性方法及城市空中交通运行规划等提案。并且,EASA 也在 MOC SC－VTOL 中阐述了基本型(basic)VTOL 的失效状态定义与 AC 23.1309－1E 类似,但增强型(enhanced)VTOL 对于机上或地面人员造成的单个或多个"致命"(fatality)影响皆归类于"灾难性"级别。

对于 eVTOL 飞机级安全性减缓措施,在航空产品研发中,更高的失效状态等级意味着更严苛的产品可靠性要求与研制过程要求,例如,根据 DO－178C,对于 A 级软件,需要比 C 级软件完成更多的 9 个目标,且需要满足更严苛的独立性要求。行业中通常有两个方向来减缓顶层的失效状态带来的影响,即开展失效安全设计,以及通过限制条件和增加运行维护来减小航空器失效的影响。对于飞机级的失效安全设计,提出了包括滑翔(固定翼)、被动旋翼自转、安全气囊、外部能量吸收系统、板下系统等方式来减缓冲击载荷。

尽管航空器在特定情形下的应急坠撞着陆中可能损坏,但必须设计成在下列条件下合理地保护每一位乘员,这就是航空领域一种典型的失效安全设计。主要分为"主动安全"和"被动安全"两部分,主动安全侧重于避障设计,被动安全侧重于碰撞后的减缓措施。作为垂直起降的航空器,eVTOL 的应急着陆和抗坠撞性要求将会参考类似机型的适航规章条款。首先是现有的旋翼类规章,如中国民航局的 CCAR－27－R2《正常类旋翼航空器适航规定》,以及 EASA 的 CS－27 规章《小型旋翼机认证规范》中抗坠撞性相关条款的第 561 条(总则)、第 562 条(应急着陆)和第 952 条(燃油系统的抗坠撞性)。这些条款对航空器和乘员的周围结构、旅客舱地板下内部燃油箱(电池组件)区域的机身结构、航空器支承结构及乘员座椅提出了具体要求。对于最大起飞重量超过 9 080 千克(20 000 磅)的 eVTOL 飞行器,还将参考 CCAR－29 部或其他适用的规定。其次,对于小型固定翼飞机也有相应的适航条款要求,如第 23.2270 条(应急情况)、第 23.2315 条(撤离设施和应急出口)。此外,局方还有可能针对 eVTO 航空器的特点,制定相关的专用条款满足适航审定要求,如动力电池抗坠撞性方面的要求。

按照这些规章和坠撞动态试验要求(EASA CS－27.952、CS－27.561、CS－27.562等),当航空器在约为10米(32英尺)的高度进行自由落体试验时,乘客必须能够在撞击后撤离;在约15米(50英尺)的高度进行自由落体跌落测试,应确保乘员安全,免受撞击后火灾等二次伤害。

整机降落伞作为常见的安全保障措施,整机降落伞在轻型飞机的安全保障中扮演着重要的角色。整机降落伞的专业术语是弹射救生系统(ballistic rescue system,BRS),起源于航天技术中的弹道回收技术。Cirrus 飞机公司在其 SR20、SR22 和 SR22T 等机型中广泛使用了整机降落伞系统。当装备了弹射救生系统的航空器遇到危险的时候,降落伞会从航空器内部弹射出来,降落伞充气打开来增加空气阻力,从而降低飞机的下降速度,并使航空器保持降落姿态,结合上述抗坠撞性结构设计,可以使飞机较完整地落到地面,保证机上乘员安全,减少对地面人员和财产的危害。综上分析,eVTOL 飞机的功能失效(如电池动力丧失)如果发生在以下场景:① 抗坠撞性设计有效高度在10~15米以下;② BRS 伞降系统的有效高度在60~80米以上;③ 动态载荷。那么,FATO 的设计应假定为 eVTOL 最大起飞重量的150%的动态载荷。

在运输类飞机领域,已经形成了成熟的安全性分析方法和流程(如 ARP 4754A 和 ARP 4761 等),这些方法和流程可以很好地指导民用飞机和系统的研制,降低航空器位于高风险区域时的失效概率。通过局方的审查认可来确保安全性目标得以满足,同时也适用于 eVTOL 航空器的研制和适航管理。

8.6 无人机适航审定要求

无人驾驶航空器系统,通常称为无人机,已经成为低空经济发展的重要引擎。适航审定法规,就是适航取证的审定基础。

我国于2023年5月颁布的《无人驾驶航空器飞行管理暂行条例》明确将最大起飞重量为25 kg 以上的中大型无人机纳入适航管理的制度安排;而25 kg 以下的微轻小型无人机则不作适航管理要求。这一规定为无人机的分类管理提供了明确的法律依据,确保了无人机飞行的安全性和社会公共安全。

欧盟把无人机分为开放、特许运营和审定三大类：25 kg 以下属于开放类，无须民航当局授权，但需要在界定区域内飞行；150 kg 以上的为审定类，类似于有人机的管理模式，飞行和使用都需要审批；其他的无人机，也就是 25~150 kg 的其他无人机都属于特许运营类，要引入合规声明，包括运营人合格证等。

从安全管理的角度来讲，我国《民用无人驾驶航空器运行安全管理规则》(CCAR-92)已于 2024 年 1 月 1 日正式施行。该规章第四章详细阐述了适航管理的相关内容，包括中、大型民用无人机的适航管理方式，如设计批准、生产批准和适航批准；根据运行场景及对应的运行风险，明确了无人机适航管理原则、分类和适用的证件类别；强化了无人机设计批准申请人和持证人的适航主体责任；以及提出了条例实施前已经设计定型的存量中、大型无人机适航管理平稳过渡的政策安排。这些规定不仅提升了无人机适航审定的效率和质量，还为无人机的安全运行提供了强有力的保障。

再者，考虑到无人机与有人驾驶航空器的差异特点，中国民航局提出了分级分类管理方法与审查方式，并发布了相关的行政规范性文件，以细化法律法规具体实施方面的规范要求。例如，针对《无人驾驶航空器飞行管理暂行条例条例》施行前已经设计定型的存量中、大型无人机系统适航管理平稳过渡问题，编制了《民用无人驾驶航空器系统适航安全评定指南》；同时，针对型号数量较多的中型无人机，编制了《限用类中型无人驾驶航空器系统型号合格审定指南》。这些文件的发布和实施，进一步完善了无人机适航管理体系，提高了无人机适航审定的科学性和规范性。

另外，国家标准化管理委员会与其他相关部门共同组织制定了《无人驾驶航空器系统标准体系建设指南(2021 年版)》，旨在加快推进无人驾驶航空器系统产业发展，发挥标准的引领和支撑作用，指导无人驾驶航空器系统标准化工作的开展。这一指南的发布，为无人机行业的健康发展提供了标准化的指导和支持。

总之，民用无人驾驶航空器的适航标准主要包括设计批准、生产批准和适航批准等方面的管理要求。这些标准和规定不仅涵盖了无人机的设计、生产和运行全过程，还考虑了无人机的特殊性，提出了分级分类的管理方法和审查方式。随着无人机技术的不断进步和应用领域的不断拓展，相关适航标准和管理体系也将不断完善和发展，以保障无人机行业健康、有序地发展。

8.7 《无人驾驶航空器飞行管理暂行条例》解析

(1)《无人驾驶航空器飞行管理暂行条例》于2023年5月颁布,是我国关于无人机管理的第一部专门行政法规。它全面地对无人机的设计、生产、销售、操控及飞行活动作了规范和引导,在确保安全的同时促进产业发展。

(2)《无人驾驶航空器飞行管理暂行条例》明确了分类。按照无人机的重量、飞行高度、飞行速度等性能指标,将无人驾驶航空器分为微型、轻型、小型、中型和大型五类,并规定了各类别的具体技术要求和管理规范。这样的分类不仅有助于实现对不同类型无人机的精准管理,还能够根据其潜在的风险等级制定相应的监管措施,从而在确保安全的前提下,最大化地利用无人机的技术优势和应用潜力。

(3)《无人驾驶航空器飞行管理暂行条例》要求建立管理体制。明确了国家空中交通管理领导机构统一领导全国无人驾驶航空器的飞行管理工作,并细化了民航局、公安部、工业和信息化部等部门的职责分工。这种分级管理和职责明确的体制,有利于提高无人机飞行管理的专业性和效率,同时也便于各相关部门之间的协调和合作,共同维护无人机飞行的安全和秩序。

(4)《无人驾驶航空器飞行管理暂行条例》要求加强安全管理。强调民用无人驾驶航空器及其操作员的管理,包括构建适航许可和质量管理制度、产品识别码与实名登记制度、运营合格证制度及人员操控制度等。这些制度的建立和完善,旨在从源头上确保无人机及其操作的安全性,防止不合格的无人机产品和不合规的操作行为带来的风险。

(5)《无人驾驶航空器飞行管理暂行条例》对无人驾驶航空器的飞行空域进行了明确规定,包括划设管制空域和适飞空域,并规定了融合飞行和隔离飞行的条件。通过对空域的科学划分和管理,既可以保障有人驾驶航空器的安全,也可以为无人机的飞行提供足够的空间,促进无人机行业的健康发展。

(6)《无人驾驶航空器飞行管理暂行条例》还强化了监督管理和应急处置能力,通过建立一体化综合监管服务平台,提高监管效率和应急响应能力。这对于应对无人机飞行中可能出现的各种突发情况至关重要,能够最大限度地减少事故造成的损失和影响。

总之,《无人驾驶航空器飞行管理暂行条例》的出台对于规范我国无人机行业的发展具有重要意义。它不仅为无人机的设计、生产、销售和使用提供了明确的法规依据,还为无人机的安全飞行和有效监管建立了完善的管理体系。随着无人机技术的不断进步和应用领域的不断拓展,这部条例将为我国无人机行业的健康有序发展提供强有力的法律支撑和政策指导。

8.8 《民用无人驾驶航空器运行安全管理规则》(CCAR-92)解析

随着无人驾驶航空器技术的迅速发展,民用无人机在各行各业的应用日益广泛,亟须制定相应的安全管理规则来保障运行安全。CCAR-92部规章是基于《中华人民共和国民用航空法》《中华人民共和国行政许可法》《中华人民共和国安全生产法》及《无人驾驶航空器飞行管理暂行条例》等法律和行政法规制定的。

《民用无人驾驶航空器运行安全管理规则》制定的目的与意义就是规范安全管理,明确无人驾驶航空器运行的安全要求,提升整个行业的安全管理水平。通过规范管理,促进民用无人机行业的健康、有序发展。规则的主要内容如下。

分类管理原则:将民用无人驾驶航空器的运行分为开放类、特定类和审定类三类运行,根据运行场景和风险进行分级管理。

安全管理要求:对无人驾驶航空器的运行、维护、人员培训等方面提出具体的安全管理要求。

规则的适用范围:适用于在中国民航局和中国民用航空地区管理局(简称民航地区管理局)管理的范围内的民用无人驾驶航空器的运行安全管理。例外情况:在室内操控民用无人驾驶航空器飞行时,不适用于本规则的某些要求,但需确保人员安全。规则的实施影响在于提升安全标准,为民用无人机的运行提供了明确的安全管理标准,降低安全风险;引导行业自律,鼓励无人机生产企业和运营企业加强自我管理,提高服务质量。

规则的执行机构:中国民航局作为主要执行机构,负责规则的监督、检查和执行工作。民航地区管理局参与执行,负责具体的地方性管理工作。

随着技术的发展和市场需求的变化,规则将不断更新和完善。建立国际合作机制,促进与其他国家和地区在无人机安全管理方面的交流与合作。另外,在深入理解 CCAR-92 部规章时还需关注以下几个方面:无人机运营企业要熟悉并遵守规则中的各项要求,确保运营活动合法合规;无人机驾驶员应当接受正规的培训,并取得相应的执照,以符合规则对操作人员的资格要求;普通民众应了解这些规则有助于增强对无人机飞行安全的认识,减少不必要的安全隐患。

总的来说,《民用无人驾驶航空器运行安全管理规则》(CCAR-92)的颁布实施,标志着我国民用无人机行业进入一个新的规范化、制度化管理阶段。这不仅有助于提升无人机运行的安全性,也为行业的可持续发展奠定了坚实的基础。

8.9 《民用无人驾驶航空器系统适航安全评定指南》解析

《民用无人驾驶航空器系统适航安全评定指南》于 2024 年 2 月 5 日正式发布,内容包括无人机适航管理问题、存量无人机适航过渡政策要求及安全评定方法等。

《民用无人驾驶航空器系统适航安全评定指南》是为了解决《无人驾驶航空器飞行管理暂行条例》生效前已经设计定型的部分无人机的适航管理问题而编制的。它旨在为无人驾驶航空器系统的适航安全评定提供指导,确保这些系统的安全性和可靠性,以保护公众安全和环境安全。

《民用无人驾驶航空器系统适航安全评定指南》提出了对于 2024 年 1 月 1 日以前已经设计定型且拟申请特定类运行的无人机的适航过渡政策要求。这些无人机可以通过安全评定取得民用无人驾驶航空器特殊适航证而获得适航批准。

《民用无人驾驶航空器系统适航安全评定指南》的安全评定方法:通过完成基本性能试飞科目、耐久性试飞科目、特定试飞科目等确认该无人机具备支持其开展特定运行活动的安全水平。申请人需要完成本咨询通告的试飞要求,并声明该无人驾驶航空器处于安全状态,证明无人驾驶航空器系统在使用限制范围内可以安全运行。该指南明确了安全评定的流程和技术要求,以确保每架无人机都能在预定的运行场景下安全运行。这一过程不仅涉及制造商和设计师,还包括测试机构和适航机构的密切合作,共同推动无人机系统的安全管理。

《民用无人驾驶航空器系统适航安全评定指南》强调了无人驾驶航空器系统的运行需要严格的安全管理制度,包括人员培训、飞行计划审批、应急预案等。适航机构需要与相关部门合作,共同推动无人驾驶航空器系统的安全管理,确保其在实际运行中能够遵循相关规定和标准。

《民用无人驾驶航空器系统适航安全评定指南》还提到了公众教育和宣传的重要性。适航机构需要与相关组织合作,开展公众教育和宣传活动,提高公众对无人驾驶航空器系统的认识和了解,减少误解和不必要的恐慌。

总之,《民用无人驾驶航空器系统适航安全评定指南》为无人驾驶航空器系统的安全评定提供了重要的指导。它强调了安全性、可靠性和标准化在无人驾驶航空器系统中的重要性,并要求适航机构、制造商、设计师和测试机构共同合作,确保无人驾驶航空器系统的安全性和可靠性,这对于保护公众安全和环境安全具有重要意义。

8.10 《中型民用无人驾驶航空器系统适航要求及符合性方法》简介

中国民航局于 2024 年 5 月组织编发了咨询通告,目前还在征求意见中,其目的是为中型民用无人驾驶航空器系统提供了一种局方可接受的适航标准及相应符合性指导材料,供申请人用以表明符合《民用无人驾驶航空器运行安全管理规则》第 92.329 条"适用要求的确定"、第 92.331 条"适用要求

中型民用无人机样图

的符合性"、第 92.343 条"型号合格证的颁发"、第 92.349 条"设计更改的管理"、第 92.351 条"补充型号合格证的颁发"的相关要求。该咨询通告适用于中型民用无人驾驶航空器系统的型号合格证、型号合格证更改、补充型号合格证等设计批准工作。

对于申请设计批准的正常类中型民用无人驾驶航空器系统,可将第 2 章的条款作为审定基础;对于申请设计批准的限用类中型民用无人驾驶航空器,可将第 2 章除第 2.3 节之外的条款作为审定基础;如在上述审定工作中,本适航标准未涵盖产品的特定设计特征或使用场景要求,可采用问题纪要(G-1)的形式补充明确差异部分的审定基础。

该咨询通告第 3 章"符合性指导材料"所描述的可接受的符合性方法并非强制要求,即并非表明对第 2 章适航标准相关条款符合性的唯一方法。在编制该符合性指导材料时主要考虑中型多旋翼电动无人驾驶航空器系统,对于其他构型或其他动力驱动形式,申请人可参考其符合性验证思路制定相应的符合性方法,或选择局方可接受的其他符合性方法,可采用问题纪要(G-2 或 MC)的方式说明符合性思路和方法。

1. 使用场景说明

必须制定无人驾驶航空器系统的基本特征[主要系统、链路、遥控台(站)及其他设备]、功能描述(如飞行控制功能、通信功能、导航功能等)的说明。必须按静止空气和海平面标准大气条件给出对应于无人驾驶航空器系统各飞行阶段(起飞、上升、巡航、下降)、预期运行环境(如高度和温度)及载重状态(如空机重量和最大起飞重量)的性能数据和运行限制的说明。

空机重量是指航空器为满足基本使用要求而设计的机体、动力装置(不含动力能源)及各机载系统的重量,以及为满足特殊使用要求而预留的不可拆卸部分重量的总和。

中型农用无人驾驶航空器是指最大起飞重量不超过 150 千克、最大飞行真高不超过 30 米、最大平飞速度不超过 50 千米/小时、最大飞行半径不超过 2 000 米,具备空域保持能力和可靠被监视能力,专门用于植保、播种、投饵等农林牧渔作业,全程可以随时人工介入操控的无人驾驶航空器。

必须制定无人驾驶航空器系统的飞行包线、与空中和地面第三方应保持的最小安全距离,以及预设航路点(包括起降点或飞行区域)和应急恢复区(完成应急处置飞行所需的备降点、迫降点或坠机区域)特征的说明。

2. 整机要求

1) 机体结构

必须证明无人驾驶航空器的结构能够承受其使用寿命期间预期的重复载荷而不发生失效,且有足够的余量确保满足适用的安全目标。必须确定机体的寿命限制,并将通过测试证明的机体寿命限制列入持续适航文件。在遵守上述要求时,必须考虑预期运行环境的影响。无人驾驶航空器的设计必须考虑服役中的预期运行环境(如温度、湿度、海拔等),应具备一定的防尘防水能力。

2) 飞行重要零部件

飞行重要零部件是指其失效后可能导致无人驾驶航空器系统失去飞行能力或失去控制且无法恢复的零部件。

失去飞行能力是指无人驾驶航空器在其飞行至预定的着陆位置期间,无法按计划完成飞行,包括无人驾驶航空器经历了受控飞行后撞地、撞击障碍物或发生任何其他碰撞、发生严重或不可逆的高度损失或在指定的应急恢复区之外的非计划着陆。

失去控制是指无人驾驶航空器失去稳定性和控制能力,或飞行特性偏离,出现翻转、旋转、进入非预期或非指令的姿态,导致航空器偏离受控飞行,可能不受控制地撞击地面并坠毁。

应建立一个飞行重要零部件清单,并制定和定义强制性维护说明或寿命限制或两者的组合,以防止飞行重要零部件的失效。持续适航文件的适航限制部分必须包括以上强制性措施。

3) 数据传输与监控要求

无人驾驶航空器系统应具备传输、接收确保无人驾驶航空器持续安全飞行和运行所需的所有安全关键信息的能力。应确定在无干扰、无遮挡环境下的视距或超视距限制,以保证在此限制条件下的数据传输与监控稳定、可靠且完整。

无线电频率和发射功率应符合无线电管理相关规定。应将经过验证且被批准的链路频率范围及遥控遥测最大距离列入飞行手册中。

安全飞行所需的所有信息,应按照运行需要,以机组成员可以监控数据及变化的方式呈现,并列入飞行手册。例如,在所有预期运行中存在数据显示超过运行限制的情况,应在飞行手册中增加性能数据限制的说明。

4）整机能力

必须通过测试证明无人驾驶航空器系统具备以下能力。

（1）在其指挥和控制数据链路失去后重新获得对无人驾驶航空器指挥和控制的能力，并且具备安全防护能力，防止故意的未经授权的电子干扰对安全产生不利影响；其能源系统具备为无人驾驶航空器所有系统和有效载荷提供能源的能力。

（2）具备能防止意外终止飞行的能力，使操控员有能力安全终止飞行；操控员有能力重新规划航线；有能力安全地中断起飞；有能力安全地中断降落并启动绕航或悬停。

（3）具备在所有运行条件下将无人驾驶航空器控制在指定区域内的能力，即电子围栏能力；具备感知和避让运行环境中预期障碍物的能力；具备飞行数据记录的能力；具备运行飞行包线保护的能力；具备空域保持能力和空域被监视能力。

5）飞行包线限制验证

在至少超过无人驾驶航空器最大起飞重量5%的情况下，对无人驾驶航空器系统的运行飞行包线的机动性、稳定性和控制力进行演示验证，证明无人驾驶航空器系统不应失去控制或飞行能力，且不需要操控员具备特殊技能。

6）可能出现的失效

必须通过飞行试验来证明无人驾驶航空器系统的设计，确保即使在可能失效的情况下，也不会导致失去对无人驾驶航空器的控制或使无人驾驶航空器飞出限制区域。至少必须具备处理下列系统或设备可能的失效：动力系统；能源系统；指挥和控制数据链路；全球导航卫星系统（global navigation satellite system，GNSS）；有单点失效的气动控制部件（如适用）；遥控台（站）；影响无人驾驶航空器系统安全运行的其他系统失效（如适用）。每项飞行试验必须在飞行的关键阶段和模式，以及在无人驾驶航空器系统与操控员的最高比率下进行。

7）应急程序

无人驾驶航空器系统的设计必须使其在失去指挥和控制数据链路的情况下，自动并立即执行预定的指令并向操控员发出警示信息，包括继续作业、悬停、降落或返航。

应确定在失去指挥和控制数据链路的情况下的预定行动，并将其纳入飞行手册。应在飞行手册中定义指挥和控制数据链路的最低性能要求,当指挥和控制数据链路降级到不能再确保对无人驾驶航空器进行远程控制时,必须通过设计防止无人驾驶航空器起飞,或通过飞行手册中的运行限制禁止起飞。

8) 耐久性和可靠性

无人驾驶航空器系统在其预期运行环境规定的限制条件下运行时,必须是耐用和可靠的,这些限制条件应作为运行限制,并包含在飞行手册中。必须按照本节的要求通过试验来证明耐久性和可靠性,并且在完成飞行试验时没有出现导致失去飞行能力、失去控制、飞出限制区域或在应急恢复区外紧急降落的失效。

9) 系统与设备要求

设计数据必须充分定义零件或装配结构、设计特征及所使用的任何材料和工艺。必须确定对运行安全有重要影响的每个设计细节和部件的适用性。材料和制造工艺必须适合预期用途,并必须产生足够的和可重复的特性和性能。

10) 系统、设备和安装

设备和系统功能不正常会导致危险的设备和系统,其设计和安装必须便于其在整个运行和环境限制中执行其预期功能。单独考虑与其他系统相关联时,其设计和安装必须满足如下要求:在发生可能的失效时将危害减至最小;可以合理预测导致灾难性失效状态发生的情况并分析原因,且制定相应的应急程序;应有探测、警报和管理可能导致灾难性和危险性失效情况的任一失效或组合的方法;必须根据设备所规定的限制来安装该设备的每一部分;系统和设备运行可能导致的任何危害,都必须减至最小。

11) 使用限制和资料

标记和标牌:无人驾驶航空器上标牌应至少包括型号合格证编号或者生产许可证编号、产品名称、型号或型别、生产制造人名称、空机重量、最大起飞重量、出厂编号(或序号)、制造日期。

螺旋桨、电机、任务载荷系统设备、电池、发动机及排气管(如适用)等对人员易产生伤害的部位或可产生高温的部件,应有提示或安全标志。如无上述标记,则应有其他方式警示操控员或第三方人员靠近。

标记及标牌必须符合下列要求:示于醒目处;安装牢固、不易污损;固定在机身处明显位置或者便于检查的适当位置。

12）飞行手册

应提供局方可以接受的无人驾驶航空器系统飞行手册（如产品说明书、用户手册或等效文件），至少包含以下信息：无人驾驶航空器系统基本信息；无人驾驶航空器系统运行限制；无人驾驶航空器系统运行程序，包括正常运行程序和应急处置程序；正常飞行包线的性能数据；载重信息；与设计、运行或操纵特性相关的信息，以及运输、组装、构型调整、存储和其他对安全运行必要的信息。

13）持续适航文件

应为无人驾驶航空器系统制定局方可以接受的持续适航文件（如产品维修手册或产品说明书中关于维护、维修的章节等），至少包含以下信息：维护及维修计划；维护及维修要求，使用的工具和材料，维修后的检测、校准、数据标定方法；各种零部件的件号、技术规范、使用数量、适用位置等信息；无人驾驶航空器系统的原理图、电气设备及其装配线路图、各个系统连接线路的走向及排布；故障隔离和排除方法。

14）符合性指导材料

咨询通告对符合性的验证从整机角度考虑。通过工程评估表明符合相关条款的适航要求，包括设计说明、分析计算报告、安全性分析报告等，证明产品设计涵盖关键的安全要求、采取缓解危害的措施，如工程评估验证等。实验室验证：通过飞行性能试飞科目或诱发特定故障的试飞科目，证明在使用范围内满足使用场景的运行飞行包线要求和应急安全操作能力要求。通过实验室老化试验测试、耐久性和可靠性飞行试验完成代表性飞行小时积累，证明在适当的水平上没有不安全的特征。上述方法综合表明中型民用无人驾驶航空器系统达到可接受的安全性水平。

15）软件符合性综述报告

说明无人驾驶航空器系统满足所需的软件安全性设计要求，按照 DO-178C《机载系统和设备审定中的软件注意事项》中相应的软件要求，完成软件合格审定计划、验证计划、构型管理计划、软件高层需求、测试用例及程序、验证结果，软件完成综述。

16）实验室验证

（1）电池测试：可提交具备资质检测机构出具的电池检测报告，该检测应核实该所装电池是否满足 GB/T 38058—2019《民用多旋翼无人机系统试验方法》或 GB 31241—2022《便携式电子产品用锂离子电池和电池组 安全技术规范》标准或等效标准。

（2）静电放电抗扰测试：提交具备资质的检测机构出具的静电放电抗扰检测报告，该检测应核实该无人驾驶航空器系统是否可实现在预期运行环境中静电放电条件下安全运行，如无明确静电放电条件，可采用 GB/T 17626.2—2018《电磁兼容 试验和测量技术 静电放电抗扰度试验》标准或等效标准测试方法。

（3）射频电场辐射抗扰测试：提交具备资质的检测机构出具的射频电场辐射干扰检测报告，该检测应核实该无人驾驶航空器系统是否可实现在预期运行环境中射频电场辐射干扰条件下安全运行，如无明确射频电场辐射干扰条件，可采用 GB/T 17626.3—2003《电磁兼容 试验和测量技术 射频电磁场辐射抗扰度试验》标准或等效标准测试方法。

（4）无线电测试：可按照《民用无人驾驶航空器无线电管理暂行办法》或其他无线电管理相关规定完成测试，取得有效的无线电发射设备型号核准证或等效文件。

（5）温度测试：分别在运行飞行包线的最低温度和最高温度，在空机重量下采用实验室固定台架试验或在最大起飞重量下采用实验室非固定台架试验（如系留台架），模拟无人驾驶航空器悬停运行，分别记录持续运行时间。

（6）运输振动测试：在正常环境条件下，在无人驾驶航空器空机重量下，将无人驾驶航空器正置（脚架朝下）于模拟运输振动试验机振动台面上，并用适当的紧固装置对产品进行可靠固定，确保试验期间无散落现象，能够模拟航运、陆运等运输条件的振动频率及振幅进行试验。如无明确试验条件，可采用典型的振动频率（如1~5 Hz）及典型振幅（如25.4 mm）进行试验。测试后，无人驾驶航空器内部应无破损、无器件脱落；经飞行验证（如3.5.4节飞行真高测试）后确认无人驾驶航空器的基本功能、性能正常。

（7）耐腐蚀测试：根据无人驾驶航空器预期运行场景，选择提交以下任一或全部耐腐蚀测试的测试报告：① 交变盐雾测试根据无人驾驶航空器预期运行场景，选择适合的测试方法［如按照交变盐雾测试中的严酷等级Ⅱ要求（GB/T 2423.18—2021）或盐雾试验中的 T 类设备要求（RTCA DO-160G）］进行测试，测试后无人驾驶航空器的重要飞行零部件与各处接口应无明显锈蚀；② 农药化肥腐蚀测试（仅适用于农用无人驾驶航空器系统）。

(8) IP 防护等级测试：可按照 GB/T 4208—2017《外壳防护等级（IP 代码）》的规定进行无人驾驶航空器整机防水、防尘测试。整机在完成至少 IP 54 等级的测试后仍能正常飞行。

(9) 动力系统校准测试：在正常环境条件下，采用实验室台架试验，对无人驾驶航空器的动力系统进行校准测试，确定无人驾驶航空器的动力性能不低于所声明的动力性能。

(10) 储能设备地面操作测试：在正常环境条件下，采用实验室验证，对无人驾驶航空器储能设备或其部件进行地面操作测试，包括但不限于加油或充电、存储、振动和更换等。测试后，储能设备或其部件功能正常，且无变形、无松动、无破损等现象。

17）飞行试验验证

(1) 速度测试：在每一控制模式下，操控无人驾驶航空器达到申请人拟运行的起飞、爬升、巡航、下降、着陆飞行阶段所适用速度范围的临界值，观察遥控台（站）显示的飞行速度，在整个飞行试验过程中无人驾驶航空器响应正确，姿态、高度、速度正常。针对农用无人驾驶航空器，其最大平飞速度应不超过 50 千米/小时。

(2) 起飞海拔测试：在最大起飞海拔和能源系统能源储备 100% 的情况下，分别在该海拔最大起飞重量和最不利重心条件下，以手动或自动控制模式操控无人驾驶航空器进行全功率运行并起飞，分别目测其动作是否正确，姿态、高度、速度是否出现异常波动，并记录起飞过程的姿态、高度、速度、爬升梯度和飞行时长。

(3) 飞行真高测试：在最大起飞重量和最不利重心条件下，在每一控制模式下，操控无人驾驶航空器持续提升飞行高度，直至其无法继续向上飞行，并保持该状态 10 s 以上即认定为达到最大飞行真高，测量此时无人驾驶航空器气压高度或相对其下方地球表面或地形之间的最大垂直距离。针对农用无人驾驶航空器，其最大飞行真高应不超过 30 米。

(4) 最大飞行半径测试：如无人驾驶航空器系统具备限距功能，在每一控制模式下，操控无人驾驶航空器平飞，逐渐远离起飞点，直至其无法继续前进，并保持该状态 10 s 以上即认定为达到限距值，测量此时其相对于起飞点的飞行距离。针对农用无人驾驶航空器，其最大飞行半径应不超过 2 000 米。

(5) 重量和重心测试：在正常环境条件下，在最大起飞重量和最不利重心条件下,以各个控制模式分别操控无人驾驶航空器,目测飞行过程中无人驾驶航空器动作是否正确,姿态、高度、速度是否出现异常波动。

(6) 飞行包线限制验证测试:在能源系统能源储备为100%的情况下,以最大起飞重量的105%,在临界重心状态下(如适用),在运行飞行包线范围内,演示在最激烈的机动飞行过程中无人驾驶航空器的系统性能、机动性、稳定性和控制性。

(7) 气动控制面失效测试:如无人驾驶航空器系统具备气动控制面(如副翼、升降舵面、方向舵面等),则在正常环境条件下操控无人驾驶航空器以最大飞行速度在试飞场地内离地一定高度处正常飞行的过程中,逐一演示每种控制面的控制失效时无人驾驶航空器仍能够受控飞行,或能够启动降落伞应急降落(如适用)。在整个测试过程中,无人驾驶航空器没有失去控制能力或飞出其限制区域,则测试通过。

(8) 抗风性能测试:可采用以下方法或等效方法,证明其在关键飞行模式和阶段下具备能够安全运行的抗风性能:在最大抗风风速的105%条件下(包括最大阵风和侧风条件),以任意一种控制模式分别在最大起飞重量和最小飞行重量、最不利重心条件下进行飞行演示,目测无人驾驶航空器动作是否正确,姿态、高度、速度是否出现异常波动。

(9) 桨叶结冰测试:如无人驾驶航空器桨叶具备在结冰环境下的包线保护能力,应在最大起飞重量和桨叶结冰条件下,以任意一种控制模式,演示无人驾驶航空器正常安全飞行或触发告警提示。在整个测试过程中,无人驾驶航空器没有失去控制能力或飞出其限制区域。

(10) 不利天气条件下飞行测试:若无人驾驶航空器具备在某些不利天气条件下运行的能力,则应逐一演示在这些不利天气条件下无人驾驶航空器以任意一种控制模式和最大飞行速度正常飞行。在整个测试过程,无人驾驶航空器没有失去控制能力、失去飞行能力或飞出其限制区域,则测试通过。

(11) 续航能力测试:如无人驾驶航空器系统具备限距功能(即限制最大飞行半径),应进行最大航时测试:在正常环境条件和能源系统能源储备为100%的情况下,分别在最大起飞重量和最小飞行重量下,操控无人驾驶航空器在不超过最大飞行真高的一定飞行高度处保持悬停,直至其发出电量不足告警后降落,观察其飞行状态是否正常,分别记录最大起飞重量及最小飞行重量下无人驾驶航空器从起飞至着陆的总时长。在正常环境条件和能源系统能源储备为100%的情况下,操控无人驾驶航空器在最大起飞重量、不超过最大飞行速度、不超过最大飞行真高的状况下连续作业,在其发出作业任务完成的提示信息后,选取离起飞点较近的合适位置,保持无人驾驶航空器悬停,直至其发出电量不足告警后降落,观察无人驾驶航空器动作是否正确,姿态、高度、速度是否出现波动,记录最大起飞重量下作业的最大飞行时间。

(12) 部分能源系统失效测试:① 如未具备部分能源系统失效后继续飞行的功能,应在最大起飞重量与最不利重心状态下,演示部分能源系统失效后,无人驾驶航空器系统不会飞出其限制区域;② 如具备部分能源系统失效后继续飞行的功能,应在最大起飞重量与最不利重心状态下,演示所声明的部分能源系统失效后,无人驾驶航空器继续安全飞行和/或降落。在整个测试过程中,无人驾驶航空器没有失去控制能力或飞出其限制区域,则测试通过。

(13) 能源系统测试与低能源保护功能测试:① 在能源系统能源储备为100%的情况下,操控无人驾驶航空器在最大起飞重量下全功率持续运行(无人驾驶航空器及任务载荷系统最大功率运行时)60 s,观察无人驾驶航空器动作是否正确,姿态、高度、速度是否出现异常波动;② 在最大起飞重量、正常环境条件下,以任意一种控制模式分别操纵无人驾驶航空器持续飞行,直至达到低能源保护阈值,观察无人驾驶航空器是否执行相应的低能源保护逻辑,并观察其遥控站(台)设备是否能发出提示告警,包括但不限于声、光、振动、界面等提示告警方式。在整个测试过程中,无人驾驶航空器没有失去控制能力、失去飞行能力或飞出其限制区域,则测试通过。

(14) 飞控与导航测试:① 在最大起飞重量和正常飞行状态下,操控无人驾驶航空器在其所有控制模式间进行自由切换,观察切换过程中无人驾驶航空器的飞行姿态是否能够保持平滑,且不出现坠落、偏飞等失控现象;② 在最小飞行重量和正常飞行状态下,操控无人驾驶航空器在其所有控制模式间进行自由切换,观察切换过程中无人驾驶航空器的飞行姿态是否能够保持平滑,且不出现坠落、偏飞等失控现象;③ 在试验场地内预设飞行航线,在最大起飞重量和最大平飞速度下,操控无人驾驶航空器执行航线飞行,同时以一定的时间间隔对无人驾驶航空器的空间位置进行连续测量,分析计算水平与高度方向的精度并记录。

(15) 感知避障测试：操控无人驾驶航空器在每一种控制模式下，以最大起飞重量飞向障碍物或等效物体，观察无人驾驶航空器是否能避免与障碍物碰撞。操控无人驾驶航空器远离障碍物，检查无人驾驶航空器是否能重新可控，记录最大安全避障速度、障碍物类型、材质、尺寸等信息。

(16) 外部灯光系统和夜间灯光测试：① 按照飞行手册列明的外部灯光系统特征，在正常运行环境条件或其他预期运行环境条件下，目测无人驾驶航空器是否可以正常开启；② 如果具备夜间飞行能力，在最大起飞重量下，以任意一种控制模式进行飞行演示，目测无人驾驶航空器外置灯光是否在以观察者为中心、半径至少为 120 米范围处（无遮挡）可见，观察飞行过程中无人驾驶航空器响应是否正确。

(17) 指挥和控制数据链路功能完整性测试：① 在最大飞行半径测试或续航能力测试过程中，检查数据链路是否稳定可靠。在飞行结束后，检查无人驾驶航空器飞行数据，确认能源关键参数、动力关键参数、飞行和导航（速度、方向、高度、位置）信息、指挥和控制数据链路与导航信号强度等安全关键信息完整；② 若指挥控制数据链路具有最大作用距离限制，且最大飞行距离大于或等于链路最大作用距离限制，应操纵无人驾驶航空器在最大作用距离处，进行指挥和控制数据链路测试，检查数据链路是否稳定可靠。在飞行结束后，检查无人驾驶航空器飞行数据，确认能源关键参数、动力关键参数、飞行和导航（速度、方向、高度、位置）信息、指挥和控制数据链路与导航信号强度等安全关键信息完整。

(18) 指挥和控制数据链路与 GNSS 失效测试：① 在最大起飞重量和正常环境条件下，演示在起降和水平飞行过程中发生指挥和控制数据链路失效，证明无人驾驶航空器随后会自动触发安全保护机制并执行其相应的安全保护措施，如重连、悬停、返航、降落等；② 在起飞前，演示证明在导航信号质量低于制造人预设的阈值时，系统会按照指定的方式进行响应，证明无人驾驶航空器随后会自动触发安全保护机制并执行其相应的安全保护措施；③ 在最大起飞重量和正常环境条件下，演示在起降和水平飞行过程中断开 GNSS 信号，证明无人驾驶航空器随后会自动触发安全保护机制并执行其相应的安全保护措施。在整个测试过程中，无人驾驶航空器没有失去控制能力或飞出其限制区域，则测试通过。

(19) 遥控台（站）失效测试：在一个自动任务过程中关闭遥控台（站）

的能源,演示无人驾驶航空器随后自动触发失效安全保护,并执行其失效安全措施。在整个测试过程中,无人驾驶航空器没有失去控制能力或飞出其限制区域,则测试通过。

(20)电子围栏测试:① 在试验场地内设置一空间区域为电子围栏的禁飞区,在任意一种控制模式下,操控无人驾驶航空器以最大飞行速度接近,直至触碰电子围栏,观察无人驾驶航空器与电子围栏发生接触前后采取的措施,包括但不限于告警提示、提前减速、自动悬停、强制降落等;② 将无人驾驶航空器搬运进模拟的电子围栏区域,观察其是否有告警提示且无法启动。

在整个测试过程,无人驾驶航空器没有失去控制能力、失去飞行能力或飞出其限制区域,则测试通过。如取得等效的第三方电子围栏测试检测报告,本节试飞可豁免。

(21)空域被监视能力测试:可通过飞行试验验证测试样机具备空域被监视能力。测试前应接入局方监管系统或等效系统。飞行试验中,在某一控制模式下,操控无人驾驶航空器完成一个典型任务过程,运行过程中保持报送功能开启,并在飞行前和飞行中演示成功向局方监管系统上报身份和飞行动态数据等信息的功能。

(22)任务载荷功能测试:① 应在最大起飞重量下,进行任务载荷系统功能飞行演示,观察任务载荷系统功能是否影响无人驾驶航空器安全飞行;② 如飞行过程中具备释放负载的能力,应进行负载释放飞行演示,观察负载释放功能是否影响无人驾驶航空器安全飞行;③ 如飞行过程中具备负载应急释放的能力,应进行负载应急释放飞行演示,观察操控员是否能够评估外部环境,并在确认外部环境安全后释放负载。在整个测试过程中,无人驾驶航空器没有失去控制能力、失去飞行能力或飞出其限制区域,则测试通过。

18)可靠性和耐久性试验

用于本试验的无人驾驶航空器系统必须按照所制定的飞行手册和所制定的持续适航文件的规定进行操作和维护,不允许超出持续适航文件规定的间隔时间的维护。

耐久性飞行试验:在正常环境条件与正常飞行状态下,在无人驾驶航空器最大起飞重量下以某一控制模式操控无人驾驶航空器进行持续耐久性试验,各架机的累计飞行试验时间不低于如下表中的测试时长。

耐久性飞行试验测试时长建议表

系统类别	初始动能	无地面风险缓解措施	具备地面风险缓解措施		
			缓解后动能 $\leq \frac{1}{3}$ 初始动能	缓解后动能 $\leq \frac{1}{2}$ 初始动能	缓解后动能 $> \frac{1}{2}$ 初始动能
中型农用无人驾驶航空器系统	≤34 kJ >34 kJ	50 h 150 h	— 50 h	— 100 h	— 150 h
限用类中型民用无人驾驶航空器系统	≤34 kJ >34 kJ	100 h 300 h	— 100 h	— 150 h	— 300 h
正常类中型无人驾驶航空器系统		1 000 h	300 h	600 h	1 000 h

注：符合性验证过程中其他所有飞行测试项的测试时长可累计至本测试所要求的时长内，本测试采用3台无人驾驶航空器，每架无人驾驶航空器的飞行试验时间不低于表中的测试时长；若试验架数低于3架，则需要采用局方可接受的折减系数，折减后的飞行试验时间不低于表中的测试时长。

8.11 适航委任代表制度及人员要求

适航委任代表是民航行政机关以外的个人，他们受民航行政机关委派，在授权范围内从事适航审定和检验工作。委任代表为民航行政机关颁发适航证件（指型号审定、生产审定和适航审定的相关证件）进行技术检查所出具的技术检查结果，可作为民航行政机关颁发适航证件的依据。个人要想成为适航委任代表，必须满足相关的资格要求（通用要求+专用要求）、并获得相应的委派和授权；之后，还需持续接受局方对其日常工作的监督与管理，包括委任代表的年审、委任代表资格的暂停或终止、培训、检查、考核等。值得注意的是，CAAC体系下的"适航委任代表"并不是严格意义上的"个人"，而是必须与"单位/机构"绑定，比如在委派阶段需要通过其聘用单位提交申请，在授权阶段需要通过具体的项目单位（推荐单位）推荐等，这与FAA的委任代表制度还是有所区别的。此外，能否成为适航委任代表，并不完全取决于个人的意愿、能力和努力，更重要的是局方是否有实际的工作需求。

中国民航局发布的《民用航空适航委任代表和委任单位代表管理规定》

(CCAR-183AA-R1)中规定了四类适航委任代表,包括:委任工程代表、委任制造检查代表、委任适航代表和委任航油航化代表。

相关的管理政策文件还包括:《适航委任代表管理程序》和《适航委任代表管理工作手册》。

基于 CCAR-183AA-R1 的要求,《适航委任代表管理程序》细化了各类委任代表候选人的资格要求,如下所述。

1. 通用资格要求

(1) 熟悉并能正确执行相关民航法规;
(2) 具有正确的判断能力及认真负责的工作态度;
(3) 完成要求的培训并考试合格;
(4) 熟悉与所委派工作相关的最新技术知识;
(5) 熟悉被委派的专业,从事相应专业工作五年以上;
(6) 由聘用单位推荐。

2. DER 专用资格要求

对于试飞员指定工程代表(designated engineering representative,DER):应持有现行有效的民用航空器驾驶员执照;2 000 小时飞行时间(直升机为 1 000 飞行小时),其中最近 12 个月内最少有 100 小时飞行时间;在相同审定类别和相似型号航空器上至少有 100 小时试验飞行经验。

对于从事软件批准工作的 DER:申请人还应熟悉 RTCA DO-178A《机载系统和设备软件的合格审定要求》相关知识并具备较为完整的工作经验,包括:软件生命周期定义与控制、软件开发阶段的定义和控制、掌握至少一门高级语言和一门汇编语言、软件和相关硬件中断及输入/输出控制、软件测试、软件证后更改与管理等。

对于从事损伤容限/疲劳分析工作的结构 DER:应具有工程力学、航天/航空工程、机械工程、土木工程或委派主管部门认可的其他相关专业学位之一;至少具备 2 年的损伤容限分析/疲劳分析工作经历,这些经历必须在委派前 10 年以内获得;工作中需要使用外语的,应具备良好的英语能力,能独立完成各种英文资料审阅、适航检查和对外交流任务。

3. 委派与授权

除了满足资格要求外,要想成为能够真正履行相应职责的适航委任代表,必须先后经历委派和授权两个步骤。委派主要是审查委任代表候选人是否满足相应类别委任代表的资格要求,并根据审查结果决定是否为其颁发委任代表文书。授权主要是根据工作需要从具有相关委任代表资格的人员中进行挑选,对其进行具体工作项目的授权。

近来,上述委派和授权的流程有显著变化,主要新增授权主管部门确认工作需求和岗位实践培训两个环节。

第 9 章
空域划分与利用

9.1 中美欧空域利用比较

按照国际民航组织的定义,空中交通管理包括空域管理、飞行流量管理和空中交通服务三个职能。这些职能共同构成了空中航行服务的完整体系,其中空域管理确立了空中航行服务的需求和服务内容的差异化框架,旨在保障空中航行的安全和效率。空域管理不仅是确保空中交通有序、安全的基石,而且通过建立差异化的服务框架来优化资源配置,确保在资源有限的情况下仍能满足不同类型航空飞行的需求。

美国民航空管局(Air Traffic Organization,ATO)平均每天保障41 874 架次仪表飞行,通用航空仪表飞行占 19%,而欧洲每天平均保障仪表飞行28 475 架次,通用航空占 3.5%。我国民航每天保障航班约 1.67 万架次,通用航空飞行在我国空管运行保障总量中占比极低。美国的军用飞行量远超中国,其空军和海军拥有各型军机超过 9 300 架,年飞行量约 200 万小时;而我国空军约有 2100 架飞机,年飞行量估算为 80 万小时[33]。

根据《中美欧空域管理效率比较研究报告》测算,我国全空域飞行密度约为 1.39 飞行小时/平方千米,约为美国 30.2%、欧洲的 48.4%。我国军民航飞行总量不到美国的 1/3 和欧洲的 1/2,我国空域整体利用率较低,美国领先明显。

根据中国民航局通用航空系统统计,我国通用航空企业完成的包机飞行为 2.2 万小时、1.50 万架次,而代管飞行为 2.17 万小时、0.87 万架次。综合这些数据,我国需要使用民航航路航线的通用航空飞行仅为 2.4 万架次,通用航空航线飞行在我国空管运行保障总量中的占比极低(约 0.39%)。汇总得出,我国空管 2018 年保障约 610 万架次仪表飞行,我国民航空管每天保障航班飞行约 1.67 万架次。

我国高空空域运输航班的飞行密度约为美国的 51.1%、欧洲的 87.1%,且我国的运输机场数量远少于美国和欧洲,我国管制员人均指挥运输航班飞行小时显著少于美国。同时,在空管服务品质方面,我国与欧美存在差距,如出发准点率和延误时间等指标不及欧美。

综上所述,我国的空域管理在保障飞行量、空域利用率及部分管理效能指标上与美国和欧洲存在差距。因此,提升空管人员的技术水平和专业培训是提高空域管理效率的关键因素之一。政府的支持和相应的资金投入对于改善空域管理基础设施至关重要。另外,加强国际交流与合作,共享管理经验和技术成果,有助于提升空域管理能力。

美国空域管理宽松,通用航空主要在低空域飞行。第二次世界大战后,政府将大部分空域划给民用,其中大部分供通用航空使用。1987 年,美国颁布《航空公司放松管制法》,允许航空公司自主选择航线和航班,促进了通用航空发展。然而,随着事故增多,FAA 意识到需要加强空域安全。9·11 事件后,国会通过《航空运输安全与系统稳定法》,加强安全措施,增加禁飞区,开放飞行报告,形成了今天美国繁荣且有序的空域管理体系。

2023 年 12 月 21 日,我国颁布了《国家空域基础分类方法》[34],其目的也是充分利用国家空域资源并规范空域划设和管理使用,该方法的颁布对于我国空域管理体系具有重要意义。通过明确空域分类,可以为不同类型的航空活动提供更加科学合理的空间安排,从而提高空域资源的使用效率和安全性。具体来说,它的作用主要体现在以下几个方面。

(1) 规范管理:为空域的划设和管理提供了标准化的方法,确保了空域使用的规范性。

(2) 提高效率:通过合理的空域分类,可以更高效地组织和调度航空活动,减少空中交通拥堵,提升航空效率。

(3) 促进发展:为新兴航空领域,如通用航空、无人机等提供了发展空间,有助于推动这些领域的进一步发展。

(4) 保障安全:明确的空域分类有助于加强飞行安全管理,降低飞行风险,确保航空活动的安全性。

总的来说,《国家空域基础分类方法》的颁布是我国空域管理改革的重要一步,不仅有助于提升空域资源的使用效率,也是对国际民航组织标准与建议实践的积极响应,对促进我国航空业的健康发展具有重要作用。

《国家空域基础分类方法》的具体内容包括但不限于以下几点。

(1) 适用范围:该分类方法适用于我国领空内的空域,但香港、台北的飞行情报区除外;而对于领空外至我国飞行情报区边界的空域,可以参照本方法执行。

(2) 空域分类:根据空域的使用性质和需求,将空域划分为不同的类别,以便于管理和使用。

(3) 管理原则:明确了各类空域的管理原则和使用规则,确保空域使用的规范性和安全性。

(4) 实施推进:中国民航局将根据相关要求和工作安排,推进国家空域分类的实施工作。

总的来说,这一方法的制定和实施,有助于提升我国空域管理的科学性和有效性,同时也是对国际民用航空组织(International Civil Aviation Organization, ICAO)标准与建议实践的积极响应。通过这种方式,可以更好地服务于通用航空、无人机等新兴航空领域的发展,同时也为传统航空提供更加明确和高效的空域使用指导。

9.2 空域改革的进程

从发展阶段来看,空管系统的发展可分为四个阶段[35]。

第一阶段:1929~1934年期间。当时,飞机的飞行距离最多只有几百米,而且只能在白天天气好的情况下飞行,因此只需按照目视的原则制定飞行规则。在飞行密度大且繁忙的机场,由一个管理人员进行管理,以确保空中交通的安全有序。

第二阶段:1934~1945年期间。1934年前后,载客量在20人以上、飞行速度达300 km/h的飞机诞生,飞行活动更加频繁、稳定,目视飞行规则已经难以满足需要。因此,各航空发达国家纷纷成立了空中交通主管机构,制定了使用仪表进行安全飞行的规则,并建立起全国规模的航路网和相应的航站、塔台或航路交通管制中心。

第三阶段:1945年~20世纪80年代。第二次世界大战带来了航空技术的飞跃性进步,随着飞机航程的加长,载客量大幅增长及速度大幅提高。

1945 年,ICAO 应运而生。20 世纪 50 年代中期,战时雷达技术开始应用于空中交通管制领域,重要地区逐渐开始采用雷达管制取代传统程序管制。

第四阶段:20 世纪 80 年代后期至今。这一时期,电子技术快速发展,计算机在机载设备和空管地面设施广泛应用。为应对新飞机航速航程的扩展和日益增长的空中交通量,国际民航组织于 1983 年底成立了未来空中航行系统(Future Air Navigation System,FANS)特别委员会。1985 年,ICAO 开始组织对 FANS 的研究和规划。1993 年,FANS 正式更名为民用导航系统/空中交通系统(Civil Navigation System/Air Traffic System,CNS/ATM),即新航行系统。

当前,低空经济的不断发展将持续扩大国内空管系统的需求,空管系统将面临更多低空航空器的管理和监控需求。这些低空航空器在农业、物流配送、城市交通等领域的应用不断增加,需要空管系统提供精准、高效的空中交通管理服务,将拓展新的市场空间。为适应低空经济带动的对低空交通管理需求的特殊性,空管系统技术能力及业务模式需满足随之带来的新要求,现简述如下。

(1) 低空飞行环境高度复杂,飞行活动具有异构、高密度、高频次、高复杂性的特点,应用场景中有人/无人飞行器混合运行、飞行器密度高、障碍物数量多、气象环境复杂,对空管系统提出更高要求。空管系统需要提供更加灵活、适应性强、精细化的空中交通管理服务,满足多种类型低空航空器在不同应用场景下航行的需求。

(2) 低空经济的发展需要空管系统能够处理更加复杂的航空数据,并与低空航空器进行及时有效的通信。因此,空管系统需要不断提升数据处理和通信能力,以满足低空航空活动的需求,实现"看得见,管得住"。

(3) 空管系统过去多应用民航等高空航空器航行场景,对于低空场景,传统空管系统应进行适应性改进,以更好地管理和监控低空航空器的飞行活动,应对其与地面设施、人员及其他空域航空器之间的安全问题。

(4) 低空经济促进了空管系统从传统面向政府、面向企业的业务格局,到面向消费者的转变。为更好地面对低空经济的大众化发展及应用场景的拓宽,空管系统也应增加一系列面向大众消费者的服务性功能。

我国空域管理改革共有四条脉络[36],分别是航路航线管制指挥移交、低空空域管理改革、空域精细化管理改革和空域管理法治化建设。从 2010 年到 2014 年,军航空管系统率先在试点地区将低空空域由原来的全部为管制空域,改为管制、监视、报告三类空域,按照审批和报备两种方式实行分类管理,以提高低空空域的使用效率。试点在全国14个省自治区直辖市相关地区同时进行,占全国空域的33%,共划设管制、监视、报告三类空域254个、低空目视航线12条。

此后,国务院、中央空管办先后批准四川开展低空空域协同管理改革试点,以及湖南、江西、安徽三省的低空空域协同管理改革试点拓展。其中,四川在全国率先成立了由省政府牵头、军民航空管系统和地方公安部门共同参加的"四川省低空空域协同管理委员会",成为后来其他试点拓展省在空域协同管理改革试点中的样板和标配。

参照四川模式,湖南、江西、安徽三省的低空空域管理改革试点拓展均成立了由省政府牵头组成的军地民三方低空域协同管理机构和运行管理中心,实现了飞行计划"一站式"审批服务;湖南省在试点中创造了"天地人和"的低空空域管理模式,实现了通航飞行"一窗受理、一网通办、全域服务"。地方政府加入空管体系的建设当中是具有重要意义的,即形成军地民共管空域的管理格局。地方政府在空域管理方面应有责任、可有责任、必有成效。发展低空经济时,应该处理好如下三个关系:

一是要处理好和军民航的关系,目前的空域主要是军民航来管理,政府作为低空经济的主体,要在低空管理这方面和军民航发展好关系;

二是要做好对低空经济的评估及厘清经济效益、综合效益之间的关系,低空经济在短期内很难见到明显成效,很难产生短期效益,所以它更多的是提升民生福祉、提升政务服务水平、增加就业等综合性效应;

三是处理好政府和市场的关系,既要鼓励国资企业进入,也要鼓励民营企业进入,国资和民营应该在不同层面错位竞争。

9.3 我国空域划分与管理

根据航空器飞行规则、性能要求、空域环境及空管服务内容等要素,在《国家空域基础分类方法》中,将国家空域划分为 A、B、C、D、E、G、W 七类,详解如下。

9.3.1 A类空域

A类属于管制空域,这意味着在该空域内飞行的航空器需要接受空中交通管理,并按照相应的规定和指令进行飞行活动。对于 A 类空域,明确了适用于有人驾驶航空器的飞行要求,同时规定了该类空域应当实现通信和监视覆盖。在特定条件下,如经过空中交通管理部门的特别批准,航空器可以按照目视飞行规则在 A 类空域飞行,或者超过限制速度在 C、D、E、G 类空域飞行,这是为了在某些情况下给予航空用户更多的灵活性。如果某些航空用户因为特定的飞行要求而难以满足常规空域的飞行条件,则可以申请划设隔离空域并对外公布,以确保飞行安全。

A 类空域的具体要求如下[37]。

(1) 划设地域及范围:通常为标准气压高度 6 000 米(含)至标准气压高度 20 000 米(含)。

(2) 服务内容:为所有飞行提供空中交通管制服务,并配备间隔。

(3) 飞行要求:① 通常仅允许仪表飞行;② 航空器和空中交通管理部门之间必须保持持续双向无线电通信;③ 航空器必须安装二次雷达应答机(或同等性能的监视设备);④ 飞行计划经过审批,航空器进入前须获得空中交通管理部门许可;⑤ 航空器驾驶员应具备仪表飞行能力及相应资质。

9.3.2 B 类空域

(1) 划设地域及范围:划设在民用运输机场上空。① 民用三跑道(含)以上机场,通常划设半径为 20 千米、40 千米、60 千米的三环阶梯结构,高度分别为跑道道面~机场标高 900 米(含)、机场标高 900 米~机场标高 1 800 米(含)、机场标高 1 800 米~标准气压高度 6 000 米。② 民用双跑道机场,通常划设半径为 15 千米、30 千米的二环阶梯结构,高度分别为跑道道面~机场标高 600 米(含)、机场标高 600 米~机场标高 3 600 米(含),顶层最高至 A 类空域下限。③ 民用单跑道机场,通常划设半径为 12 千米、跑道道面~机场标高 600 米(含)的单环结构。

(2) 服务内容:为所有飞行提供空中交通管制服务,并配备间隔。

(3) 飞行要求:① 允许仪表和目视飞行;② 航空器和空中交通管理部门之间必须保持持续双向无线电通信;③ 航空器必须安装二次雷达应答机(或同等性能的监视设备);④ 飞行计划经过审批,航空器进入前须获得空中交通管理部门许可;⑤ 航空器驾驶员应具备仪表或目视飞行能力及相应资质。

9.3.3　C类空域

（1）划设地域及范围：划设在建有塔台的通用航空机场上空，通常为半径5千米、跑道道面~机场标高600米（含）的单环结构。

（2）服务内容：为所有飞行提供空中交通管制服务。为仪表和仪表、仪表和目视飞行之间配备间隔；为目视和目视飞行之间提供交通信息，并根据要求提供交通避让建议。

（3）飞行要求：① 允许仪表和目视飞行；② 海平面高度3 000米以下，目视飞行指示空速不大于450千米/小时；③ 航空器和空中交通管理部门之间必须保持持续双向无线电通信；④ 航空器必须安装二次雷达应答机或其他可被监视的设备；⑤ 飞行计划经过审批，航空器进入前须获得空中交通管理部门许可；⑥ 航空器驾驶员应具备仪表或目视飞行能力及相应资质。

9.3.4　D或E类空域

（1）划设地域及范围：① 标准气压高度高于20 000米为D类空域；② A、B、C、G类空域以外，可根据运行需求和安全要求选择划设为D类或E类空域。

（2）服务内容：D类空域为所有飞行提供空中交通管制服务。为仪表和仪表飞行之间配备间隔，为仪表飞行提供关于目视飞行的交通信息，并根据要求提供交通避让建议；为目视飞行提供关于仪表和目视飞行的交通信息，并根据要求提供交通避让建议。E类空域仅为仪表飞行提供空中交通管制服务。为仪表和仪表飞行之间配备间隔，为仪表飞行尽可能提供关于目视飞行的交通信息；为目视飞行尽可能提供关于仪表和目视飞行的交通信息。

（3）共性飞行要求：① 允许仪表和目视飞行；② 海平面高度3 000米以下，指示空速不大于450千米/小时；③ 航空器在海平面高度3 000米以上飞行时必须安装二次雷达应答机（同等性能的监视设备），平均海平面高度低于3 000米时安装其他可被监视的设备；④ 必须报备飞行计划；⑤ 航空器驾驶员应具备仪表或目视飞行能力及相应资质。

（4）特殊飞行要求。D类空域：仪表、目视飞行的航空器进入前均须获得空中交通管理部门许可，并保持持续双向无线电通信。E类空域：① 仪表飞行的航空器进入前须获得空中交通管理部门许可，并保持持续双向无线电通信;② 目视飞行的航空器不需要空中交通管理部门许可,但进入前必须报告,并在规定通信频率上保持收听。

9.3.5 G类空域

(1) 划设地域及范围:① B类和C类空域以外真高300米以下空域(W类空域除外);② 平均海平面高度低于6 000米、对民航公共运输飞行无影响的空域。

(2) 服务内容:仅提供飞行信息服务,不提供空中交通管制服务。

(3) 飞行要求:① 允许仪表和目视飞行;② 海平面高度3 000米以下,指示空速不大于450千米/小时;③ 仪表飞行的航空器和空中交通管理部门之间必须保持持续双向无线电通信,目视飞行在规定通信频率上保持收听;④ 航空器必须安装或携带可被监视的设备;⑤ 必须报备飞行计划;⑥ 航空器驾驶员应具备仪表或目视飞行能力及相应资质。

9.3.6 W类空域

(1) 划设地域及范围:G类空域内真高120米以下的部分空域。

(2) 飞行要求:① 微型、轻型、小型无人驾驶航空器飞行;② 飞行过程中应当广播式自动发送识别信息;③ 小型无人驾驶航空器操控员取得操控员执照。

9.3.7 有关要求

(1) A、B、C、D、E类空域应当实现通信和监视覆盖,G类空域应当实现监视覆盖。

(2) 经空中交通管理部门特别批准,航空器可按照目视飞行规则在A类空域飞行,以及超过限制速度在C、D、E、G类空域飞行。

(3) 难以满足飞行要求时,航空用户可申请划设隔离空域并对外公布。

(4) B、C类空域范围可根据实际情况进行调整,可描述为不规则的多边形。

(5) A、B、C、D、E、G类空域明确的飞行要求适用于有人驾驶航空器,无人驾驶航空器进入按照《无人驾驶航空器飞行管理暂行条例》明确的要求执行。

(6) 各类空域目视飞行气象条件:海平面高度3 000米以上,能见度不小于 8 千米、距云水平距离不小于 1 500 米、垂直距离不小于 300 米；当平均海平面高度 900 米或真高 300 米两者取较高值至平均海平面高度 3 000 米时，能见度不小于 5 千米、距云层水平距离不小于 1 500 米、垂直距离不小于 300 米；当海平面高度 900 米以下或真高 300 米以下两者取较高值时，能见度不小于 5 千米，云外飞行。

（7）特殊任务类飞行，按照起降机场开放条件和执飞机组起降标准执行。

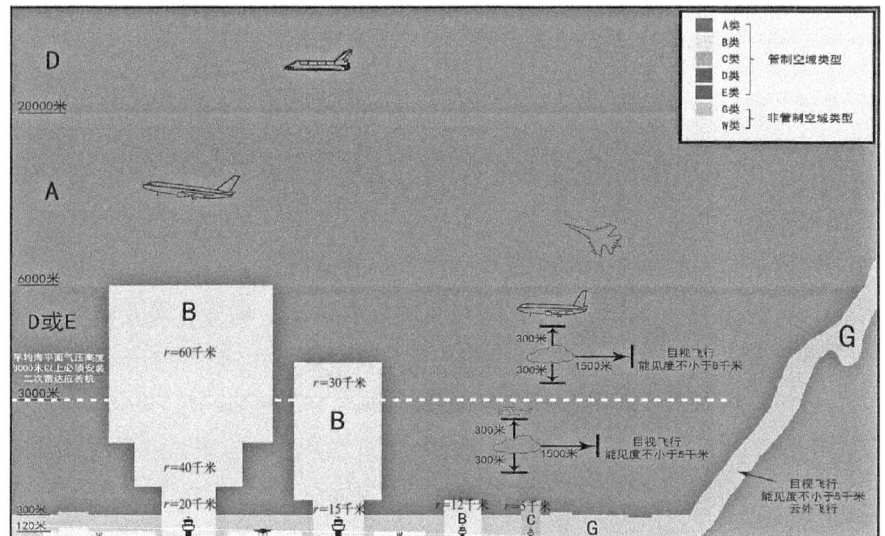

国家空域基础分类示意图

（资料来源：《国家空域基础分类方法》）

第10章
低空航线的规划原则和方法

城市低空是一种宝贵资源，是无人机末端配送、交通出行等飞行活动的主要空间，也是低空经济最重要的载体，具有极大的经济社会价值。低空航线的规划是一个复杂的过程，涉及多个方面的考量，包括安全、效率和可行性等。以下是一些关于低空航线规划的方法和原则。

（1）安全第一：这是低空航线规划的首要原则。规划时需要避开人口密集区域及潜在的危险地点，如加油站和发电站等，确保航线的安全性。

（2）地理条件：根据不同的地理条件，如从农村到城市的不同环境，规划适合的低空航线。这可能涉及对地形、建筑物高度和分布等因素的考虑。

（3）应用目的：低空航线的规划还应考虑到不同的应用目的，例如空中监视、设施巡检或物流等，这些目的将影响航线的设计和运行模式。

（4）空域管理特点与发展趋势：我国的空域管理有其特定的特征，低空航线的规划需要结合这些特点，并考虑未来的发展趋势，如无人机交通管理的最终目标等。

（5）融合空域规划与基础设施建设：低空航线的规划应与空域规划和基础设施建设相结合，这包括对所需配备的基础设施、运营与管控模式的综合考量。

（6）精细化管理：低空公共航路作为新型基础设施，需要进行精细化管理，这意味着在规划时要考虑如何实现有效的监控和管理。

（7）技术支持：规划低空航线还需要依赖先进的技术支持，如飞行控制系统、导航系统和通信系统等，以确保航线的顺畅运行。

（8）法规遵循：在进行低空航线规划时，还需要遵循相关的法律法规，确保所有操作都在法律框架内进行。

（9）环境保护：考虑到环境保护的需求，低空航线规划应尽量减少对生态环境的影响。

（10）公众参与：在规划过程中，应当考虑到公众的意见和需求，确保航线规划符合社会公共利益。

（11）灵活性与可调整性：由于技术发展和环境变化，低空航线的规划应具有一定的灵活性和可调整性，以适应未来的变化。

（12）国际合作：在全球化背景下，低空航线规划可能需要与国际标准接轨，特别是在跨境航线规划时，需要考虑国际合作和协调。

综上所述，低空航线规划是一个多方面、多学科交叉的综合性工作，需要综合考虑安全、技术、管理、法规、环境和社会等因素，以实现低空飞行的安全、高效和有序。低空飞行航线的设定是一个综合考虑多种因素的过程，包括通用航空发展需求、空域管理特点、对低空空域的使用频率、飞行器类型和用途等因素。结合我国的空域管理特点和未来低空发展趋势，进行空域规划和航路构建，涉及对现有空域使用的研究和对未来发展的预测。确保航线的安全性是至关重要的，需要对飞行路径进行风险评估和安全分析，以避免与地面障碍物和其他飞行器的潜在冲突。

利用目视飞行航图为飞行员提供必要的地理信息和飞行指南，包括山脉、河流、湖泊等自然地理信息，以及人工建筑物等人文地物要素。设定飞行高度、速度、方向等参数，这些参数将直接影响飞行任务的执行质量。

在规划和设定航线时，还需要遵守相关的法律法规，确保所有操作都在法律框架内进行。依赖于先进的飞行控制系统、导航系统和通信系统等技术支持，以保障航线的顺畅运行。考虑到低空飞行对环境的影响，尤其是在城市和人口密集区域，应尽量减少噪声污染和对野生动物栖息地的干扰。在规划过程中，应当考虑到公众的意见和需求，确保航线的社会公共利益最大化。确保低空飞行航线的合理设定，不仅满足通用航空的发展需求，同时也确保了空域的安全和高效使用。

我国发布的《交通强国建设纲要》《国家综合立体交通规划纲要》已明确提出要加强新型载运工具研发，构建城市群内部快速空中交通网络；中国民航局发布的《促进民用无人驾驶航空发展的指导意见（征求意见稿）》《城市场景轻小型无人驾驶航空器物流航线划设规范》，明确指出开展低空航路航线规划与构建技术研究；随后发布《民用无人驾驶航空发展路线图V1.0(征求意见稿)》，提出在2030年前实现空域信息数字化，进一步拓展航线网络。湖南、四川、深圳等地先行先试,逐步建立区域低空飞行服务体系,试点划设低空航路航线,构建低空航图。迅蚁科技先后在杭州、广州、温州等地开通了无人机医疗样本运输航线;上海金山华东无人机基地开展了无人驾驶航空器超长距离海岛物流航线运输;南京航空航天大学国际创新港城市空中交通研究院与济南、青岛等多地的企事业单位积极开展深入合作,建立了济南低空物流公共运营示范中心。

10.1 低空航线的需求与现状

随着无人机性能逐步提高,城市空中交通需求日益增长,城市低空航路航线划设研究已成为热点问题。UAM 是以垂直起降、点对点运输为主的全新交通系统,适用于城市内、城际间空中快速运输。欧美、亚太等地区纷纷探索发展 UAM,并取得了初步成效。EASA 部署实施了多项 UAM 试点工作,预计 3 至 5 年内实现 UAM 商业化运营;FAA 发布了《城市空中交通运行概念 2.0》白皮书,设计了 UAM 管理体系架构;国务院、中央军委发布的《无人驾驶航空器飞行管理暂行条例》,是我国首部全面规范无人驾驶航空器飞行管理工作的专项行政法规。城市低空航路航线是 UAM 的重要组成部分,对于保障城市低空无人机安全、有序和高效运行至关重要。欧美、韩国、新加坡等已明确提出适应自身的低空航路航线布局规划方案。FAA 批准构建 50 英里(1 英里≈1.61 千米)无人机空中走廊;韩国发布的《城市空中交通规划方案》中明确指出于 2025 年设立"城市空中通道专用空域",预计 2035 年建成 100 条航路;新加坡计划于 2023 年推出首条空中出租车航线。

加拿大滑铁卢大学对航路网络结构进行了初步定义与设计,提出了航路、交叉口、航路节点等概念,通过航路与交叉口的有序交替序列实现地面网络节点的连通。荷兰尔夫特理工大学提出自由航路、扇形航路、管道航路和分层航路概念,并将其应用于城市空中交通运行场景中。新加坡南洋理工大学提出城市适应空域概念,论述了矩阵节点型航路、建筑节点型航路、道路沿线型航路三种类型的低空航路网络,并通过容量与吞吐量指标评估了航路网络性能。NASA 根据城市空中交通发展阶段,提出了以垂直起降机场为枢纽节点的辐轴式城市空中交通网络。中国科学院地理科学与资源研究所提出了低空无人机公共航路理论体系,利用地理和遥感信息构建城镇化区域低空公共航路网络。中国航空运输协会提出了"微小航路"概念,建立了低空航路审批和运行保障机制。南京航空航天大学国际创新港城市空中交通研究院针对城市无人机"最后一千米"的物流配送问题,考虑复杂城市低空环境、无人机性能和需求分布,研究人员提出了城市无人机多级起降场点与航路航线网络协同分层规划模型,设计了空地协同运输航路航线网络,以促进低空空地时空资源的动态、灵活、高效利用[38]。

根据城市低空管理模式、无人机智能化程度、空中交通流量规模,城市空中交通发展划分为兴起、初级、高级、成熟四个阶段,其中航路航线划设研究也相应演变。在兴起阶段,无人机以隔离运行为主,无既定航路航线引导,在隔离空域内通过手动控制实现低密度试运行;在初级阶段,无人机以固化运行为主,在固化航路航线通过手动辅助实现低密度、小流量独立运行;在高级阶段,无人机以灵活运行为主,在柔性航线网络通过巡航自动驾驶实现中密度、中流量按需运行;到成熟阶段,无人机以自主运行为主,基于数字精密航迹智能自主驾驶实现高密度、大流量有序运行。因此,城市低空航路航线整体呈现"手动无序—固化有序—柔性灵活—自主精密"的演变趋势。

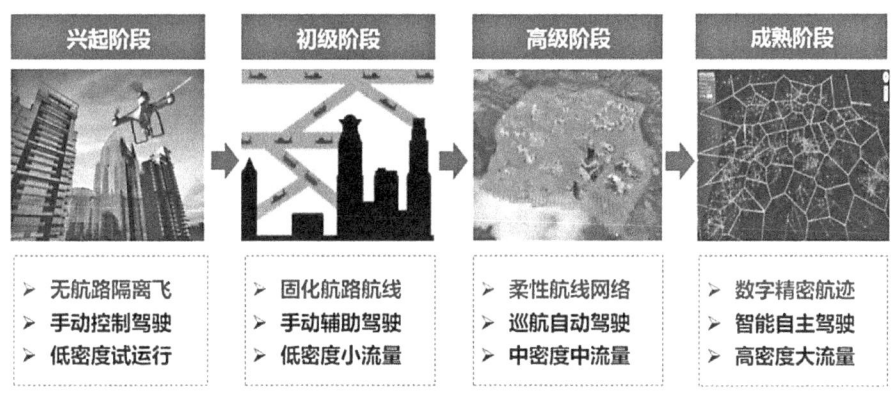

城市低空无人机航路航线划设研究

南京航空航天大学城市空中交通研究院的张洪海教授在低空无人机航路航线划设方面很有研究,下面介绍他提出的方法。

10.2 低空航线的划设流程与方法

依据《无人驾驶航空器飞行管理暂行条例》,国家空中交通管理领导机构统筹建设无人驾驶航空器一体化综合监管服务平台,对全国无人驾驶航空器实施动态监管与服务。面向物流配送、空中出行、应急救援、城市治理等多元应用场景,基于空地数据信息支持与法律法规标准约束,在国家空中交通管理领导机构的监督管理下,协同军民航空管部门,由地方政府部门设立城市低空管理服务机构,负责城市低空航路航线的划设与管理。城市低空管理服务机构根据需求类型、需求规模与时空分布等特征,实施数字空域离散化建模、基础设施配置、航路航线划设工作,形成空地协同立体航路航线网络划设方案。从碰撞风险、通行能力、能耗噪声和居民隐私等方面,综合评价航路航线划设方案,实施航路航线准入管理、动态管理、灵活使用等,并上报最终划设方案至地方政府部门、军民航空管机构及无人驾驶航空器一体化综合监管服务平台,共享航路航线情报信息。

1. 划设方法一:基于数字网格的城市低空航路航线划设方法

张洪海教授提出基于城市空域类型、建筑分布、特殊气象等要素,开展低空空域数字化、网格化研究,实现多层级三维网格化剖分。重点研究构建数字网格编码与检索体系,生成网格唯一标识编码,将空域四维属性信息离散映射至对应网格,形成集标识编码、时间戳、空域属性信息于一体的网格属性表达方式,实现空间智联环境的高效精细化管理。考虑空地环境、通导监水平、无人机性能等约束,以安全、高效、绿色为导向,构建城市低空航路航线多目标规划模型,实现无人机航路航线网络的精细规划。

2. 基于空地协同的城市低空航路航线划设方法

张洪海教授提出未来 UAM 将趋向于空地协同的交通运输模式,航路航线划设需要地面基础设施的支撑保障。垂直起降机场作为无人机起飞与着陆的重要设施,其选址布局结果直接影响航路航线的承载能力与服务水平。结合城市空间实体布局、地面交通条件、起降机场服务能力等因素,明确起降机场规划原则、运行概念、结构特征等,提出起降枢纽、起降场、起降点三级选址方案,建立城市多级起降场点与航路航线网络协同配置模型,优化调整起降场点布局、航路航线划设与空域资源配置,形成城市低空"起降机场-航路航线"空地立体网络体系,实现无人机航路航线网络的空地协同规划。

3. 基于动态分层的城市低空航路航线划设方法

张洪海教授提出面向城市低空实际运行场景与航路航线划设的动态关联关系,综合分析上层网络结构、中层飞行计划与下层运行管理的耦合影响,建立城市低空航路航线网络动态分层划设模型。上层模型重点考虑网络结构效率最大、可拓展性最优;中层模型重点考虑用户路径选择最优、使用灵活性最高;下层模型重点考虑无人机运行冲突风险最小、环境影响最小。根据运输需求调配生成无冲突飞行计划,动态优化调整城市低空航路航线结构,实现无人机航路航线网络的动态精密规划。

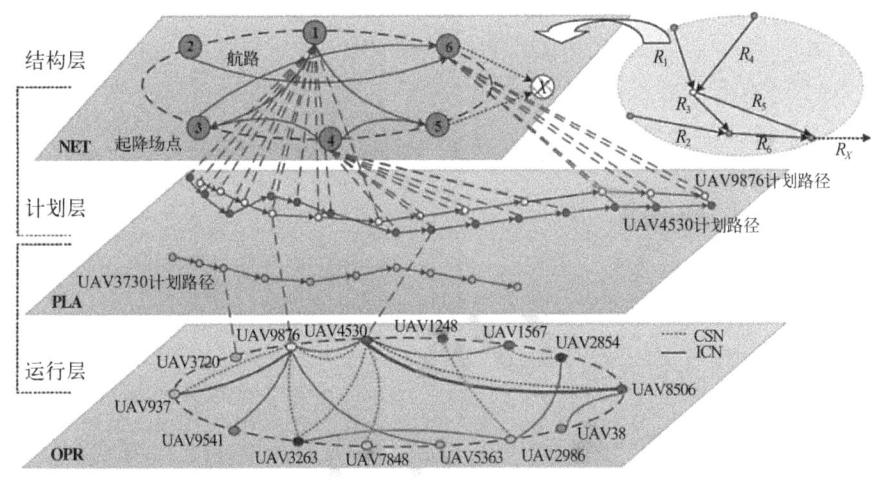

城市低空无人机航路航线划设研究

4. 综合评估

为保障无人机运行安全,稳步提高无人机运输效率,推动低空绿色可持续发展,增强社会广泛认可度,可从安全、容量、绿色和满意度等方面综合评估无人机航路航线划设方案。

1) 安全评估

安全评估包括无人机安全使用与对外安全影响等多层次内涵,是实现航路航线划设反馈调节的关键。结合无人机的性能特点,分析无人机运行能力与航路航线结构的适配程度,重点评估起降场点、交叉口等关键节点的安全性与可靠性;基于航路航线时空范围与运行模式,量化分析无人机运行对军民航空安全及社会公共安全的影响程度,实现航路航线内外部安全性能的综合评估。

2) 容量评估

容量评估是评价航路航线划设是否满足无人机运输需求的重要指标。重点考虑无人机冲突探测解脱性能、航路航线网络拓扑结构等因素,采用特定性能指标的最小相变阈值、航路航线所能承载的最大无人机数量等指标评估容量,以量化表达航路航线运行服务能力。

3) 绿色评估

绿色评估用于分析无人机在执行飞行任务过程中所产生的噪声、能耗排放等。考虑噪声源的类型、数量、传播速度等因素,结合城市空域建筑物分布,建立无人机噪声分析模型,计算噪声对城市居民的影响;针对无人机能耗、作业时间等因素,计算无人机的碳排放量。

4) 满意度评估

满意度评估可采用问卷调查、模拟仿真和实地试飞等方式进行,重点收集噪声干扰、隐私安全等相关数据,分析公众对城市低空航路航线划设与运行管理的认可度和满意度。

10.3 低空航线的划设建议

张洪海教授在他的研究中提出了很多建议,核心要点是结合我国无人机航路航线及城市空中交通发展需求、现状与趋势,建议从标准制定、科技攻关、系统研制、示范应用等方面全面开展航路航线划设工作。

(1) 加强标准规范制定。根据国家低空空域管理改革与通航产业发展需要,围绕法规条例制定低空航路航线划设细则,重点研究城市低空航路航线的划设流程、运行规则、管理机制和使用要求,探索建立一套系统完备的航路航线标准规范体系,为无人机航路航线划设、评估、使用等提供全面保障。

(2) 加强科学技术攻关。以城市低空无人机交通运输、文化旅游、监管巡检、应急救援等多类型、多尺度空域使用需求为导向,考虑城市恶劣天气、楼宇建筑、人口密度等复杂影响因素,重点研究低空空域精细规划、多级起降机场协同选址、航路航线精密划设等,逐步形成科学严谨的航路航线划设理论、方法和技术体系,为规范化城市无人机航路航线划设和使用提供理论依据与技术支撑。

(3) 加强系统工具研制。融合北斗、5G、人工智能、物联网等技术手段,建立空地一体、多方协同的信息网络环境与数据共享渠道,研发城市低空无人机航路航线划设与评估系统,实现无人机航路航线预先规划、动态规划、运行验证、综合评估等核心功能,为物流运输、低空出行、城市管理等各类型无人机用户提供定制化服务。

（4）加快示范应用推广。充分考虑各地区空地环境特征,选择净空条件良好的典型城市区域,启动低空航路航线划设工作,并联合地方优势企业开展无人机运输示范应用,评估验证航路航线安全性、可靠性与经济性。基于前期示范应用经验与成果,选择深圳、上海、南京、青岛、重庆等地开展针对性示范应用,持续迭代完善航路航线划设标准规范、关键技术及系统工具,形成可复制、可推广的航路航线划设成果,推动构建空地一体化立体交通系统,促进低空经济高质量发展。

第 11 章
低空交通管制技术

空中交通管制(air traffic control，ATC)指的是利用通信、导航技术和监控等专业手段对飞机飞行活动进行监视、控制与指挥,从而保证飞机安全,按照一定线路秩序飞行。空中交通管制的主要目的是防止航空器之间及航空器与地面障碍物相撞,维护和加快空中交通的有序流动,以保证飞行安全与效率。

在现代社会中,空中交通管制系统扮演着至关重要的角色。随着航空器设计制造技术的不断进步和航空运输的快速发展,空中交通管制技术和手段也经历了多次更新换代,从最初的目视指挥到如今的自动化、信息化管理,空管系统在保障飞行安全和提高飞行效率方面发挥着不可替代的作用。

飞机在有限的空间、时间和条件下起飞、降落和飞行,受到诸多因素的限制和影响,如航空器性能、气象条件、不同性质的飞行任务、时间、地理环境及地面保障设施等。这些限制因素促使人们形成了一套管理空中飞行的规章制度和组织,即空中交通管制。空中交通管制的原理就是把飞行航线的空域划分为不同的管理空域,并按管理区的范围与情况选择使用不同的雷达设备对飞机进行管制;在管理空域内进行间隔划分,飞机间的水平和垂直方向间隔构成空中交通管理的基础。由导航设备、雷达系统、二次雷达、通信设备、地面控制中心组成空中交通管理系统,用于监视、识别、引导覆盖区域内的飞机。

我国的空管体系,采用的是统一管制、分别指挥的管理模式。最上级为中央空中交通管理委员会(简称中央空管委),是一个中央级别的机构。中央空管委下设办公室,即中央空管办,负责中央空管委的日常工作。中央空管委更像是一个议事协调机构,对无人机的各具体业务流程的管理,实际是按照部级联席工作机制的流程进行管理。各个流程环节都对应有不同的军方或政府部门进行管理,通过部级联席会议和平时的沟通协调,来共同协调解决管理工作中遇到的重大问题。

再下一级则是由空军负责实施全国的飞行管制。具体的飞行管制中,分为军用和民用,军用飞机由空军(部分是海军航空兵)负责指挥;民用飞行包括外航飞行,由中国民航局来实施指挥。

目前,全空军一共分成五个飞行管制区,与全国战区的划分是一样的。以江苏无锡硕放机场为例,最下一级的管制机构为机场的场站管制室,上一级为上海管制分区,隶属于空军上海基地,再上一级是东部战区空军管制区,最上级是空军参谋部。

民航系统最下级是塔台管制室或区域管制中心,往上一级为空管分局或空管站,再往上一级到民航局的地区空管局,民航局空管局下设7个地区管理局:华北、华东、东北、中南、西南、西北、新疆。

11.1 空中交通管制的发展历史

1903年,莱特兄弟发明了"飞行者一号",标志着航空时代的到来。随后的十年中,随着机场和飞行活动的增加,出现了专门用于航空器起降和飞行表演的机场,逐渐形成了空中交通管制的初步形态。1922年,首个机场管制塔台在伦敦克罗伊登(Croydon)机场诞生。1935年12月1日,世界第一个航路管制中心在美国纽约纽瓦克机场成立,标志着空管系统开始进入系统化、规范化发展。进入21世纪,美国、欧洲等地制定了新一代空管系统升级计划,ICAO出台了全球空管一体化运行概念和航空组块升级计划,预示着新一轮空管技术革命的到来。

在整个低空经济产业发展的过程中,空管体系的建设十分重要。低空生态涵盖飞行器制造、应用、飞行保障、运营维护、低空新基建五大领域。其中,低空新基建主要包括临时起降点/通用机场的建设、低空空管系统建设、空天地一体化导航/通信系统建设、低空态势感知系统建设、充电设施建设等。低空空管系统是国家实施空域管理、保障飞行安全、实现航空运输高效有序运行、捍卫我国空域权益的战略基础设施,也是国土防空体系的重要组成部分。"十一五"以来,国家加大政策扶持力度,先后制定了"民航强国""四强空管"和"四型机场"的建设行动纲要,国产化设备从无到有,从简陋到精细,逐步打破了完全依赖进口的局面。国内以莱斯信息、四川九洲、成都民航空管科技发展有限公司(简称成都空管公司)、中国航空无线电电子研究所(又名615所)等为代表的本土企业快速崛起,空管系统核心技术实现自主可控。

11.2 空中交通管制的分类

管制方法主要包括程序管制和雷达管制两种方式。程序管制依靠飞行员的位置报告和地空通话设备进行分析和指挥,而雷达管制则通过雷达显示精确了解航空器的位置。雷达管制大大缩小了航空器之间的间隔,提高了安全性和高效性。

管制分为三类,即一般空中交通管制、特别空中交通管制和临时空中交通管制。一般空中交通管制适用于整个国土上空,特别空中交通管制适用于边境地区等特殊区域,临时空中交通管制适用于演习等特殊事件。

空中交通管制的主要任务是:全面实施战区空中管制,实时掌握空中动态,有效管理民用航空活动;严格执行空中管制计划,加强协同,保障空中运输畅通;协助识别空中目标,确保空域使用的安全有序。通过控制空域使用来保卫国家空中安全,维护飞行秩序,提高空域的使用效率。

11.3 空中交通管制的法规

空中交通管理(air traffic management, ATM)的法规是一项重要的法律制度。

《民用航空空中交通管理规则》自1990年颁布以来已经历过多次修订,第五次修订于2017年完成,以适应空管工作的需求和未来发展。第五次修订重点调整了篇章结构,明确了管制服务机构的管理要求,优化了管制运行管理,细化了管制员岗位工作时间,新增了飞行情报服务和告警服务的要求,专门规定了通用航空的空中交通管理等内容。2022年11月3

日,《民用航空空中交通管理规则》再次进行了修订,其目的是有效维护和促进空中交通安全,保障空中交通顺畅。该规则适用于所有在中国境内从事民用航空活动的单位和个人,包括在飞行情报区内活动的外国航空器飞行人员。

中国民航局负责全国的民用航空空中交通管理工作,地区管理局负责本辖区的监督管理工作。空中交通服务包括空中交通管制服务、飞行情报服务、告警服务、流量管理与空域管理等。

(1) 空中交通管制服务:包括机场管制服务、进近管制服务和区域管制服务。机场管制服务主要针对机场机动区内运行的航空器;进近管制服务负责进场或离场飞行阶段的航空器;区域管制服务覆盖接受机场和进近管制服务以外的航空器。

(2) 飞行情报服务:向飞行中的航空器提供有助于安全和有效飞行的建议和情报。

(3) 告警服务:向相关组织发出搜寻援救航空器的通知,并协助协调搜寻援救工作。

(4) 流量管理与空域管理:在空中交通流量接近或达到空中交通管制可用能力时,适时进行调整,提高机场和空域的利用率。依据国家相关政策,逐步改善空域环境,优化空域结构,满足用户需求。

《民用航空空中交通管理规则》将管制单位分为空中交通服务报告室、塔台管制单位、进近管制单位、区域管制单位等。各管制单位应当获取飞行计划和动态信息,发布管制许可和指令,防止航空器相撞,维护空中交通秩序。

综上所述,可以看到《民用航空空中交通管理规则》在保障飞行安全、提高飞行效率方面的重要作用。随着技术的进步和需求的增加,相关法规也在不断优化和调整,以应对日益繁忙的空中交通情况。管理原则如下:保证安全第一,改善服务工作,争取飞行正常,遵循集中统一、分工负责、协调高效、优质服务。

11.4 空管系统的构架和功能

低空空管系统也是用一套用于监控和控制航空交通,确保飞行安全和效率的技术和程序体系,包含 CNS+ATM 系统,其中 CNS(communication, navigation, surveillance)系统包含通信、导航及监视系统,属于外围设施,为空管系统采集数据并提供传输渠道,基于 CNS 系统提供的数据基础;ATM 系统构建信息综合处理平台,为航行过程中的飞行器提供整合后信息,制定流量控制措施,并规划分配方案。空管系统产业链较为密集,技术专业性高,多家企业提供多谱系集成产品,为下游机场及飞行器运营商提供航行所需相关信息。ATM 系统是空管人员用于管理空中交通运输的信息处理系统,包括空中交通服务(air traffic service,ATS)、空中交通流量管理(air traffic flow management,ATFM)和空域管理(air space managment,ASM)三部分。其中,空中交通服务(ATS)又分为:空中交通管制(ATC)、飞行情报服务(flight information service,FIS)和告警服务(alerting service,AS)三部分。目前,我国民航空中交通管理迫切需要 ATC 系统和 ATFM 系统的进一步创新,实现空中交通流量管理和管制指挥的一体化,从而在有限的空域资源条件下,缓解空中交通拥堵,使得空中交通流量管理行之有益且行之有效。

　　子系统功能主要包括雷达数据前置处理子系统、雷达数据处理(radar data processing,RDP)子系统、飞行数据处理(flight data processing,FDP)子系统、综合数据显示终端(synthetic display device,SDD)等。系统的运行与监控信息是通过多雷达航迹系统(multi-radar tracking system,MRTS)等方式进行处理,将多个雷达站的数据融合计算生成系统航迹,并结合飞行计划信息进行航迹关联和管理。管制员可以通过综合数据显示终端查看飞行态势、告警信息和进行管制操作,系统提供丰富的人机交互界面和工具,如雷达标志识别、标牌颜色状态显示等。

　　管理保障软件可分为空域管理系统和机场管理系统,空域管理系统是空管人员实际用于管理空中交通运输的信息处理系统,主要由三层构成,即空域管理、空中交通流量管理和空中交通服务。目前,我国空域管理能力对比发达国家尚还不足,2019 年人均通用航空飞行量和人均通用航空器拥有率仅为全球平均水平的 15% 和 4%。空域管理主要由军方负责牵头,侧重于安全管理,尚未建立低空空域飞行安全、效率与经济性、公平性的全面评估机制;基础设施缺乏整体规划与布局建设。

第 11 章 低空交通管制技术

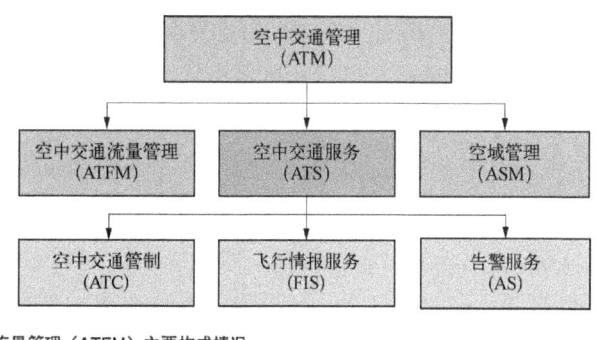

空中交通流量管理（ATFM）主要构成情况

空中交通管制系统构成

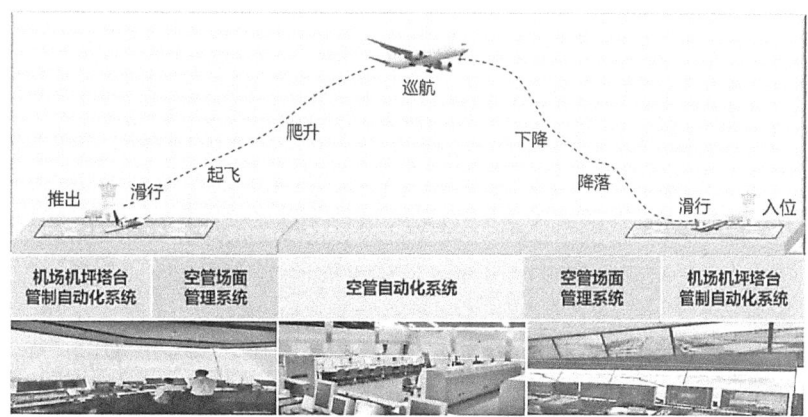

空中交通管制系统示意图

ATC 系统是空管系统的核心部分,有如下两个功能。

(1) 接收监视雷达传输过来的飞机的高度、速度、方向等信息,然后自动与预定飞行计划进行比对,根据比对结果,管制员作出飞机下一步飞行动作的调度指令,并将调度指令通过通信系统传达至飞行员,飞行员根据指令完成飞行调整。

(2) 提供碰撞预警、天气预警等信息。空中交通管制系统需要向飞行员提供实时的飞行指令,因此对系统的可靠性要求非常高。我国低空空管系统建设需求规模约在百亿元量级。

"十二五"期间,我国空管系统领域完成投资 120 亿元;"十三五"期间,我国空管系统整体投资约为 250 亿元。2016~2019 年,我国空管系统固定资产投资规模由 23 亿元增长至 51 亿元,复合年增长率约 30%。从民航空中交通管理领域的格局来看,国外市场参与者主要是欧美的大型电子系统制造商,包括法国泰雷兹(Thales)集团、西班牙英德拉(Indra)公司等;国内市场参与者主要包括莱斯信息、成都空管公司、华泰英翔、川大智胜等。从当前低空空域基础设施建设的招标情况来看,衢州、深圳、成都等地建设较快,其中单个地级市的低空空管系统初期建设的需求规模为 3 000 万~4 000 万元,全国目前有 293 个地级市,对应的低空空管系统建设需求约在百亿元量级。

11.5 无人机的管理技术

无人机监管一般分两种目标,一种是合作目标,另一种是非合作目标。

1. 对合作目标的监管

对于合作目标的监管,技术有三种方式。

第一种方式就是利用无人机云系统,基于移动通信网络的主动状态报送。这种方式技术相对成熟,成本也比较低,但它受通信覆盖范围、定位精度的影响,可靠性、精确性还有待提高。方法主要有两种:一种是通过无人机的通信链路,把无人机飞控内的状态信息数据实时发送给云系统,实现双向链路通信,对无人机进行远程控制;另一种是通过外挂数据采集终端,来采集无人机飞行状态数据,并把其发送回云系统。

第二种方式就是 ADS-B。ADS-B 即广播式自动相关监视系统,装配 ADS-B 应答机的无人机可以自动将位置、高度、速度这些信息在一定范围内进行广播,从而实现被监视功能。虽然目前 ADS-B 系统的大小和一张信用卡差不多,质量为 100 克左右,但是小型化之后,设备性能不太稳定,价格昂贵,因此大范围的广泛使用有难度。

第三种监管方式称为二次雷达,由地面的雷达站问询机、机载端还有应答机组成。在"一问一答"过程中完成识别,并获得机载应答机的代码、飞机高度、速度等内容。但是由于应答机的重量体积和成本的因素,一般只用于大中型无人机,小型无人机不太适合。

2. 对非合作目标的监管

管理任务是两个方面,一是探测,二是反制。具体就是,第一要能够发现识别定位,第二就是要能够干扰控制甚至摧毁它。探测技术有频谱监测、低空雷达探测、声光监测等方式。

11.6　各国对无人机的管理情况

1. 国外对无人机的管理情况

FAA 在 2012~2013 年就发布了相关的无人机管控的方案。2017 年,FAA 又推出了无人机云,为空管机场和空域内其他用户提供数据服务,同时还发布了无人机网格限高地图,这套系统称为 UTM 系统。

欧盟将无人机分为开放、特许运营和审定三大类:25 千克以下属于开放类,无须民航当局授权,但需要在界定区域内飞行;150 千克以上为审定类,类似于有人机的管理模式,飞行和使用都需要审批;其他无人机,也就是 25~150 千克的无人机都属于特许运营类,要引入合规声明,包括运营人合格证等。欧盟由若干个欧洲国家组成的,因此还明确 150 千克以上的无人机由欧盟统一监管,其他的无人机是由各成员国分别负责监管。这套无人机管控系统称为 U space。

2. 我国对无人机的管理情况

国务院、中央军委于 2024 年 1 月 1 日颁布施行了《无人驾驶航空器飞行管理暂行条例》。

根据《无人驾驶航空器飞行管理暂行条例》,民用无人驾驶航空器系统生产者应当按照国务院工业和信息化主管部门的规定为其生产的无人驾驶航空器设置唯一产品识别码。民用无人驾驶航空器所有者应当依法进行实名登记,具体办法由国务院民用航空主管部门会同有关部门制定。《无人驾驶航空器飞行管理暂行条例》指出,由国家空中交通管理领导机构统筹建设无人驾驶航空器一体化综合监管服务平台,对全国无人驾驶航空器实施动态监管与服务。

2024年1月1日零时,国家无人驾驶航空器一体化综合监管服务平台正式上线,所有类型的民用无人驾驶航空器,其所有人都应当按规定在平台进行实名登记,取得登记标志后方可使用。违反《无人驾驶航空器飞行管理暂行条例》规定,未经实名登记实施飞行活动的,由公安机关责令改正,可处200元以下罚款;情节严重的,处2 000元以上、2万元以下罚款。

11.7 低空经济下空管系统发展的新技术

低空空域被称为空天产业发展的"第四空间",实现该空域资产的动态收储与利用,是有序推动国家新万亿低空产业的基础条件。低空智联网及其高精度立体地图建设或是解决未来空管问题的重要方式。未来的低空领域或将有较多飞行器同时运行,如何实现多种/多架飞行器的同时有序飞行,对现有技术体系和运营架构提出了挑战,而解决这一挑战的重要基石就是低空智联网及其统一的低空高精度立体交通图的建设。低空智联网通过新一代低空通信、低空定位及低空三维立体网格空域图建模等技术,将低空空域建设成类似现代地面交通的空域网格化指挥与服务系统。低空智联网依托地面基站和在低空空域内运营的近地设施及低轨卫星的协同作用,可满足高密度、大流量、近实时的低空安全高效应用。

低空智联网相关平台建设方面,北斗网格码技术或将发挥重要作用。GeoSOT(geographic coordinate subdividing grid with one dimension integral coding on $2n$-tree)是一种基于$2n$树结构的全球经纬度剖分网格,这种地球立体网格与编码理论体系为低空智联网建设提供了理论基础,依托北斗低空空域图国家标准,按米级或十米级立体网格,将空域及下垫面三维空间数字化,同时配备5G通信技术、北斗精准定位系统和气象信息服务等保障手段,可实现空地信息基础设施的一体化建设。我国目前正在推动全国统一的低空高精度立体交通图技术标准和省市级低空智联网的建设实践,并已在浙江、安徽、上海、广东开展试点应用。例如,浙江衢州正在打造国内第一个城市超低空智联网平台,项目总投资2.5亿元,一期投资3780万元,建设周期10个月,于2024年1月9日完成招标,成为全国首个市级低空项目。将围绕衢州市低空空域管理标准、低空空域资产开发、服务体系、商业化运营四个部分构建低空空域基础设施,打造空中"高速"服务体系[39]。

空管自动化系统是民航空管部门实施对空指挥的核心系统,通过处理雷达信号等监视数据,为管制员提供空中飞行态势的显示和各种告警,确保飞行安全和效率的核心系统。该系统广泛应用于民用航空管制部门,包括区域管制中心、进近管制中心和塔台管制等。

国外在空管自动化系统方面的研究和应用已有多年历史,发达国家普遍使用二次航管雷达和先进的雷达管制技术,知名系统开发商包括美国的雷神(Raytheon)公司和法国的泰雷兹(Thales)集团。我国自1998年引进和应用雷达管制技术以来,逐步实现了空管自动化系统的国产化和升级换代。国内的三大管制中心通常直接从国外引进先进系统。空管自动化系统通常由一次、二次雷达系统和计算机辅助系统等组成,采用分布式结构、双网双机冗余设计,以提高系统的准确性和可靠性。

空管系统逐步实现现代化、数据化、智慧化是低空空管系统发展的必然路径,即依托包括4G/5G通信、卫星互联网、北斗系统、雷达等监视系统的天空地基础设施,协调各级空管部门、安全应急部门和基建保障部门之间的关系,建立数字化的低空运行环境,实现智能化的空域设计和航路规划,是未来低空空管系统发展的必然路径,可简述如下。

1. 5G-A通感一体及卫星互联网提供低空数据传输新方案[40]

5G-A通感一体化成为低空通信发展方向,已在厦门成功试点。5G技术的发展正在推动频谱从Sub-6 GHz(低于6 GHz的频段)向毫米波频段发展,感知能力进一步提升,在此背景下通信感知一体化,即基于软硬件资源/信息共享,实现感知与通信功能协同的技术成为新发展方向。通信感知一体化技术融合通信和感知功能,既可以通过通信链路获取合作航空器的位置、速度、姿态等关键信息,又可以通过感知技术获取非合作航空器的位置、速度及其周围环境等信息,同时依托毫米波高分辨率、高定位精度的优势,在低空飞行器体积小、数量多的背景下具有广阔的应用空间。2023年12月,全球首个"5G-A通感一体低空协同组网"在厦门成功试点,实现多目标监测、无人机航迹跟踪等场景验证;2024年3月,云南保山云瑞机场建成开通全球首个5G-A智慧机场通感一体基站。

卫星互联网具有立体覆盖优势,有望在低空通信远期形态中发挥关键作用。在1 000 m以上空域,5G信号的覆盖能力存在局限性,最终低空通信解决方案可能会融合当前4G/5G网络与专用通信链路/网络、通感一体化网络和低轨卫星互联网。其中,卫星互联网能够满足航空对于全地域稳定网络服务的要求,《通用航空装备创新应用实施方案》中强调加速5G、卫星互联网等的融合应用。研究认为,伴随星地融合演进,具有立体覆盖优势的卫星互联网有望在低空通信远期形态中发挥重要作用。

2. 北斗天地协同数字化底座是低空导航体系的重要基础

高精度定位技术是低空经济发展的必要基础。在低空飞行器密度高、飞行障碍物多的背景下,高精度定位技术成为必要基础,北斗导航融入低空空管成为必然趋势[41]。① 授时方面:北斗可为低空飞行器提供高精度授时服务;② 导航监视方面:目前,典型的ADS-B发射机利用高频数据链进行通信,位置信息基本以GPS数据为主,而北斗融入ADS-B作为信息源或将成为发展趋势;③ "北斗+低轨卫星"通导一体网络具备高可靠位置及通信服务能力,先进技术融合可提供高性能解决方案。

基于北斗的低空高精度立体交通图建设是解决低空航空器有序飞行的关键。未来低空空域千万级乃至更大规模的无人机和有人机的融合飞行需求对导航体系提出较高要求,解决这一难题的核心是建设统一的低空高精度立体交通图网络,目前在浙江、安徽、上海、广东等地已经开始试点。安徽合肥骆岗公园无人体系城市级应用示范项目采用北斗伏羲公司提供的全球领先的GeoSOT地球网格剖分理论体系。未来,北斗天地协同综合时空网络将为低空空管体系提供数字化底座,为低空空管无人化、精准化和智能化的发展提供助力。

3. 监视领域,ADS-B成为先进空管技术发展方向

多种空管监视方式融合成为保障飞行安全的必然趋势。空管监视主要指针对空中飞行航空器的监视,以此提高空中交通运行的安全性和效率。按照监视技术和实现方式的不同,可以分为一次雷达、二次雷达、ADS-B和多点相关定位等,目前多种监视技术的综合应用成为保证飞行安全、管理空域流量的必然趋势。

4. 高性能相控阵雷达提升气象监测精度,气象服务为低空经济护航

高精度气象情报服务保障低空飞行安全,低空气象基础建设和数据服务有望加速。低空飞行活动中,气象信息服务需要达到米级、小时级/分钟

级高精度,地面端气象站信息向低空端飞行器传输需要高效数据传输方法协同,例如,深圳在统一数据共享平台的城市地图中接入气象数据。从产业链发展角度来看,深圳市气象局提出气象三张网,包括用于提升低空气象监测能力的"气象监测网"、用于提升低空气象服务保障能力的"气象数字网"和赋能相关技术服务业的"气象赋能网"。气象服务高精度的趋势有望带动气象雷达及气象数据服务的发展。

总之,低空经济发展对空管系统提出了新的技术发展方向。为保障低空飞行活动安全高效,空管系统供应商需致力于研究建立低空三维数字化空域地理信息系统,推进北斗导航、低轨卫星通信、5G-A、自主飞行、通感一体等技术理念应用,构建天地一体的低空通信导航监视网络,全面提升低空航行服务能力,实现现行低空飞行服务系统与无人驾驶航空器一体化综合监管服务体系。

第 12 章
低空起降场建设技术要求

2024年3月29日,中国民航局举行了"推进低空经济发展专题新闻发布会"。针对在加强通航机场建设方面将有哪些安排的问题,中国民航局运输司领导受记者采访时表示,将加快推动出台行业管理规章;研究出台通用机场样板间建设指南;进一步完善标准体系建设,抓紧推进《民用水上机场飞行场地技术标准》《通用机场建设指南》等标准的制定与修订。

发言人表示,民航局坚持"放管结合、以放为主、分类管理"的原则,认真贯彻国务院办公厅《关于促进通用航空业发展的指导意见》《交通运输领域中央与地方财政事权和支出责任划分改革方案》文件精神,扎实推进通用机场管理改革,核心要点如下:

(1)明确机场分类分级管理框架,按照机场是否对公众开放,划分为A类、B类机场,分别实施许可、备案管理。先后发布《通用机场分类管理办法》《A类通用机场使用许可及运行安全管理办法》《A类通用机场运行安全管理实施细则》《B类通用机场备案办法》等规范性文件。

(2)理顺场址征求行业意见程序,出台《通用机场场址行业审查实施细则》,明确县级以上政府征求场址行业意见的程序、范围和内容要求。

(3)完善机场建设行业标准体系,修订发布《民用机场飞行区技术标准》《民用直升机场飞行场地技术标准》。2023年又发布了《通用机场选址技术指南》,明确机场建设的关键技术指标,并鼓励各方因地制宜,建设简易型通用机场,降低建设成本。

(4)上线管理与服务信息系统,开发上线全国通用机场信息管理系统,实现机场备案全流程线上办理,并为社会提供全国机场信息与管理政策公开查询平台。

自推进通用机场行业管理改革以来,管理机制不断明晰,机场许可、备案流程更加便捷,机场数量得到快速增长,由国务院办公厅发布《关于促进通用航空业发展的指导意见》前的 61 个,发展到目前的 453 个,改革成效明显。

中国民航局还将协助各地方政府,进一步明确通用机场公共基础设施的属性,加大通用机场规划布局数量;通过充分论证,提高机场选址的科学性;因地制宜建设简易型通用机场,降低机场建设投资和运行成本;加快明确机场建设审批程序。同时,更加重视对机场飞行场地的保护,避免运行环境破坏。希望各方共同支持通用机场建设和发展,为打造低空经济打好坚实基础。

12.1 通用机场概况

美国十分重视民用通航基础设施建设。美国的通用航空行业拥有丰富的机场网络,保障了飞行器的顺畅运行。除了机场资源之外,还提供了全面的基础服务设施。这些设施包括但不限于供油服务、维修保养、飞行导航辅助以及实时气象信息等,为美国低空飞行产业的稳健增长奠定了良好的基础。

部分国家通航数据

国家	公共通用机场数量/座	无人机注册数量/架	通航飞机注册数量/架
美国	4 756	86.6 万	22.4 万
巴西	3 350	5 741	10 417
英国	81	18.12 万	3 000
俄罗斯	161	5.6 万	10 000
中国	449	95.8 万	3 303
澳大利亚	5 100	5 741	5 741

近些年,我国通用航空的主要问题就是"上天难,落地难"。上天难指的就是"空域"管控太严,程序太慢。"落地难"指的就是通用机场太少,没有太多可起降的场地。国务院办公厅发布的《关于促进通用航空业发展的指导

意见》(以下简称《意见》)中将通用航空业确定为"战略性新兴产业体系"。

　　坚持问题导向,破解制约通用航空业发展的关键环节。针对通用航空"上天"和"落地"两大痛点,《意见》大幅提高了低空空域开放范围,明确提出监视空域、报告空域无缝衔接。《意见》提出,"十三五"期间建成500个以上通用机场,有效缓解适用机场缺乏的短板。针对高运营成本制约通用航空业规模扩大的问题,《意见》提出多项简政放权措施,减少企业审批方面的时间和成本投入,《意见》还提出需合理确定通用机场建设标准,节约投资、降低使用成本。此外,《意见》提出的关于提高国产化通用航空器的产品支持与综合保障服务能力、加大资金支持和强化人才培养等措施都将有效降低企业经营的要素成本。

　　通用机场建设标准涵盖了场址选择、飞行场地、空中交通管制及导航设施、服务及保障设施、抗震设防及环境保护等各个方面的技术要求和指导原则。

　　通用机场的建设不仅仅是为了满足航空活动的需要,还要在保证安全、功能合理、成本控制的基础上,进行科学规划和实施。下面将详细说明通用机场建设的标准。

12.2　场址选择与机场设计

　　通用机场的场址应与当地城乡规划和土地利用规划相协调。场址的选择应考虑空域条件、气象条件、电磁环境、鸟类栖息地、净空条件、噪声敏感区域等因素。同时,场址还应满足民航局对通用机场分类管理的要求,确保不同类别的通用机场能够有效运行。飞行场地设计需要根据通用机场的类别,飞行场地应按照《民用机场飞行区技术标准》和《民用直升机场飞行场地技术标准》建设。一类和二类通用机场的飞行场地应满足固定翼飞机和直升机的运行需求,三类通用机场则至少满足最低运行要求。飞行区的防洪标准和排水工程设计也应符合相关规定。

　　通用机场应根据实际需要配备必要的服务车辆通道、机坪、机位及地锚等设施。为了保障飞行区内巡视作业的需要,可以设置巡场路,以方便巡视车辆及人员的活动。一类和二类通用机场还需设置围栏,防止外部人员或动物进入指定区域。

通用机场的建设需要考虑地震等自然灾害的影响,按照国家和行业标准进行抗震设防。同时,保护周边环境,减少噪声和其他污染,符合环保要求。

12.3 通航机场空中交通管制和导航设施

通用机场需要配置适用于其管制、通信、导航、气象服务要求和方式的空管设施,这包括甚高频通信系统、自动电报处理系统、气象航行情报信息终端等设备,这些设施的建设和配置要能够保障通用机场的空中交通安全。

通用机场的建设需要科学的规划和严格的标准执行,能够保证通用机场的安全、高效运营,促进通用航空业的健康发展。

12.4 eVTOL 航空器起降场(点)建设应考虑的因素

eVTOL 航空器起降场的建设是实现 eVTOL 航空器安全、高效运行的关键环节。eVTOL 航空器作为未来城市空中交通的重要组成部分,其起降场的建设技术要求涉及场地特性、场址选择、结构设计、专用设施与设备、消防救援设施等多个方面,具体分析如下。

起降场的物理特性包括场地的大小、形状、地形和地势等,这些特性决定了起降场的可用性和适用性,必须满足 eVTOL 航空器起降和滑行的最小距离要求。

为了确保航空器的安全起降,必须对周边环境中可能存在的障碍物进行严格的限制和管理,这包括场地周边的建筑物、树木、电线杆等的高度和位置。场址的选择应考虑到交通便利性,以便于人员和物资的快速运输。场址选择还应考虑到对周围环境的影响,包括噪声污染和空气质量等,确保符合当地环保法规。

起降场的结构设计必须能够承受 eVTOL 航空器的重量及频繁起降的压力。考虑到 eVTOL 航空器起降时的特殊性,起降场的地面材料应具备良好的防滑耐磨性能。起降场应配备必要的维护和保养设施,以确保 eVTOL 航空器处于最佳的运行状态。

起降场还需要装备先进的导航和通信设备,以保障航空器的起降安全和飞行精准性。起降场应具备可快速响应的消防救援设施,以应对可能发生的紧急情况。消防救援设施的布局应确保与航空器起降区域保持足够的安全距离。

起降场的建设应采取措施减少噪声对周围环境的影响,如采用隔音墙等设施。考虑到环保需求,起降场的运营应尽可能采用绿色能源,减少碳排放。

起降场应安装视频监控和报警系统,以实时监控航空器起降的安全状况。起降场应制定详细的应急预案,包括应对飞行器事故、火灾、自然灾害等突发事件的具体措施。

起降场的管理和操作人员应接受专业的培训,确保具备相应的技能和知识。另外,应建立完善的管理制度,包括航空器起降的规则、人员的职责和权利等。

此外,在考虑建设 eVTOL 航空器起降场时,还应注意以下几点:起降场的建设应符合国家有关法律法规和强制性标准的要求,确保合法合规;鼓励采用新技术和新材料,提高起降场的安全性和运营效率;在规划和建设过程中,应充分考虑公众意见,确保起降场项目能够得到社会的广泛支持。

总的来说,eVTOL 航空器起降场的建设技术要求是一个复杂而全面的过程,涉及场地特性、场址选择、结构设计、专用设施与设备、消防救援设施等多个方面。通过科学规划和精心设计,可以确保 eVTOL 航空器起降场的安全、高效和环保,为未来城市空中交通的发展奠定坚实的基础。

12.5　eVTOL 航空器起降场(点)的建设要求

我国正在逐渐步入"低空时代"。从 2024 年开始,随着"低空经济"首次被写入政府工作报告,全国范围内的低空起降点建设正如火如荼地展开。各地政府纷纷出台相关政策和行动计划,旨在完善低空基础设施,促进低空经济发展。这些政策不仅关注基础设施建设,还涵盖了产业链培育、技术研发及应用场景的拓展。低空经济的迅猛发展,预示着未来几年内,低空飞行将更加广泛地融入日常生活。全国各地正在积极推进低空起降点的建设,部分地区已经取得显著进展。

中国民用机场协会于 2024 年 4 月发布了《电动垂直起降航空器（eVTOL）起降场建设技术要求》讨论稿（T/CCAATB 000—2024）（以下简称《团标》），概述如下[42]。

1. 分类

《团标》将 eVTOL 起降场的建设规模、保障能力分为起降点、小型起降场、大型起降场三类，具体如下。

eVTOL 起降场专业分类

保障级别	起 降 点	小型起降场	大型起降场
接地和离地区	1	1~2	>2
停机位	1	2	>2
标志线圈	√	√	√
消防设备	√	√	√
灯光设施	△	√	√
气象设施	△	√	√
通信设备	△	√	√
导航监视设备	△	√	√
充放电设施	△	√	√
操控指挥室	△	△	√
机库	—	△	√
候机区/堆货区	—	△	√

注：√表示配置；△表示按需配置；—表示不配置。

2. 场址选择

eVTOL 航空器起降场的位置应与当地城乡规划和土地利用规划相协调，应考虑下列因素。

（1）空域条件。未经批准，不得在空域禁区内建设 eVTOL 航空器起降场，在空域禁区邻近地区修建 eVTOL 航空器起降场应考虑航空器闯入禁区的风险，同时充分考虑与飞行限制区和军航使用空域的协调。

（2）净空条件。障碍物应符合有关净空标准，要满足设计机型的飞行特性，尤其要满足自主起降的定位偏差，除非经论证无实质性影响。

（3）气象条件。应充分考虑风场、降水、能见度等气象条件对飞行安全和 eVTOL 航空器起降场利用率的影响。

(4)电磁环境条件。充分考虑空间电磁环境对航空活动影响,如 4G/5G、GPS、北斗等信息。

(5)其他不适合开展航空活动的因素。

3. 场地特性

eVTOL 航天器起降场的设计通常要求:在同一时间内,一个最终进近和起飞(final approach and take-off, FATO)区内仅允许一架 eVTOL 航天器运行;在具有 2 个及以上最终进近和起飞区的起降场、起降枢纽中,各最终进近和起飞区之间应设计好合理间距,要充分考虑下洗流、空域、飞行航径等影响;每个最终接近和离地(touchdown and liftoff, TLOF)区的复原时间应不大于 2 分钟。

1)最终进近和起飞区

eVTOL 航天器起降场应至少设置一个最终进近和起飞区,道面应为硬质实体,充分考虑建筑体对航空器设备的干扰等情况,实体不会在 eVTOL 航天器的下洗流的作用下造成表面退化,也不会产生飞散的碎片。

最终进近和起飞区的形状可以为圆形和多边形,建议优先采用正多边形或圆形,其尺寸应至少能够内切一个设计机型 1.5D 的圆。除因功能要求需设置于该区内的必要物体外,不应有障碍物,必要物体高度不应超过表面以上 5 cm。应有不小于 0.5% 的坡度,以防止表面积水,但任何方向的总坡度应不超过 2%。所处位置应尽量避开可能对 eVTOL 航天器的运行造成不良影响的周围环境,尤其是高架 eVTOL 航天器起降场应规避擦窗机、空调外机、排风机等设备。

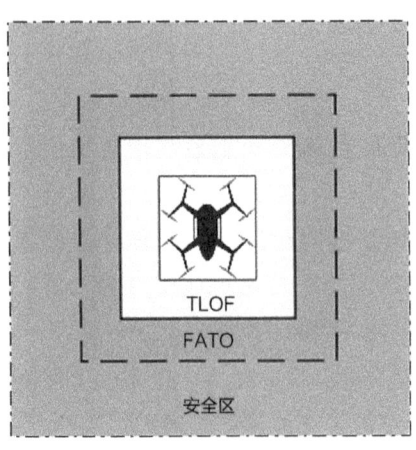

首陆起飞区域示意图

(资料来自:T/CCAATB 000—2024)

2)安全区

安全区设置在 FATO 区周围,安全区可不必为实体,如为实体时,其表面应与 FATO 区连续顺接,能抵抗旋翼下洗流的作用并确保有效排水。

除因功能要求必须设置于安全区内的物体外,在安全区内不应有障碍物,在 eVTOL 运行期间,安全区内不应有移动的物体,因功能要求必须设置于安全区内的物体,不应超过以 FATO 区边界上方 25 cm 高度为底边、向外升坡为5%的斜面。

3) 净空条件

eVTOL航空器起降场安全区周围应至少设置一个侧向保护斜面，宜设置两个及以上侧向保护斜面，该斜面自安全区边界起向上向外以45°角延伸至距安全区边界10 m远，该斜面上不应有突出的障碍物。eVTOL航空器起降场需要设置有净空道，净空道的宽度不宜小于相应安全区的边长。净空道的地面不宜高于以起降场地安全区边线为底边的、总体升坡为3%或局部升坡5%的斜面。用于eVTOL航空器进离场的空中滑行通道，宽度不应小于2.0W，其中W为设计机型的最大全宽。净空区还需要参考设计机型的飞行手册要求。

4) 机位

机位的尺寸和形状应满足eVTOL航空器起降场设计机型在停放时的垂直投影均包含在机位中。机位形状为圆形，其尺寸应至少能够内切一个设计机型1.2D的圆。机位上宜设置满足eVTOL航空器停放所需的系留设施。

5) 地面滑行道

在机位与机位之间、机位与机库之间应设置地面滑行道。地面滑行道

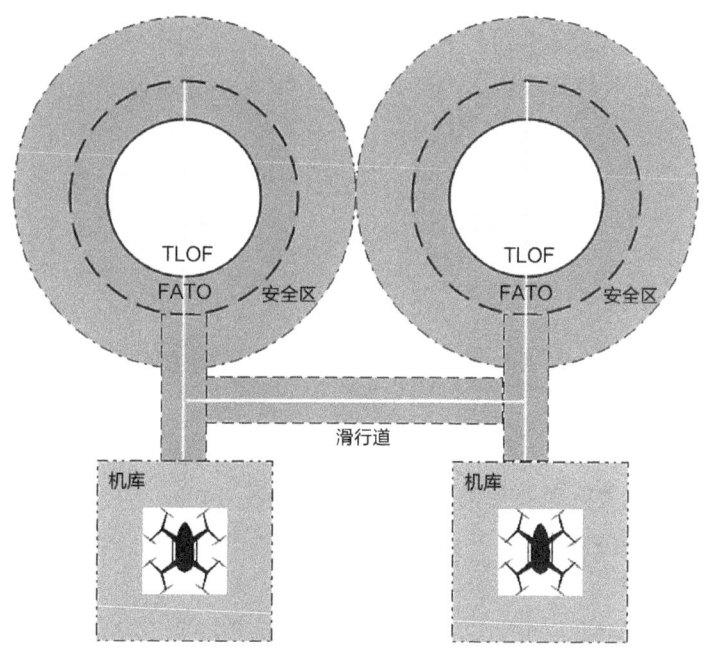

滑行道示意图

（资料来源：T/CCAATB 000—2024）

应能承受eVTOL航空器移动时的运行荷载,地面滑行通道的宽度应不小于eVTOL航空器起落架宽度或eVTOL航空器转运装置宽度的2倍。

4. 表面eVTOL航空器起降场

表面eVTOL航空器起降场一般为设置在陆地地面,要做好与周边环境的隔离防护,防止无关人员的侵入。表面eVTOL航空器起降场至少需包含FATO区和TLOF区,安全区不为实体时,需要确保安全区内的障碍物满足要求。表面eVTOL航空器起降场表面需做好排水设施。

5. 高架eVTOL航空器起降场

高架eVTOL航空器起降场一般设置在高架构筑物或建筑楼屋顶、标高距离地面或建筑物顶部屋面。高架型eVTOL航空器起降场应适当地悬挑,将eVTOL航空器起降场与下方建筑结构体隔开,中间需具有气流穿行的空间。对于离地面高度超过60 m的高架eVTOL航空器起降场,应考虑在低云层条件下eVTOL的运行可能会受到不利影响。

高架eVTOL航空器起降场的FATO和机位可与TLOF区重合,其尺寸最小可为内切一个设计机型$1.0D$的圆。

6. 水面eVTOL起降平台

水面eVTOL起降平台一般为设置在浮动的或固定的水面平台构筑物上。水面eVTOL起降平台的标高要考虑波浪、潮汐等水位变化带来的影响,表面需设有排水设施。

水面eVTOL起降平台的FATO区和机位可与TLOF区重合,其尺寸最小可为内切一个设计机型$1.0D$的圆。

12.6 eVTOL航空器起降场(点)的设计标准

eVTOL航空器起降场最终进近和起飞区和提供的机位应具有足够的尺寸和强度,并布置成能够容纳需要使用设施的最重和最大的eVTOL航空器。eVTOL航空器起降场最终进近和起飞区及其支撑结构宜由水泥混凝土、非磁性金属板或其他合适材料制成,并按照合适的标准设计和制造。eVTOL航空器起降场道面结构的设计应能抵抗eVTOL航空器起落架滑移作用以及其他永久、可变和环境作用的影响。在零度以下的条件下定期运行的eVTOL航空器起降场,宜安装电伴热系统,以防止道面表面积雪和结冰。

1. 荷载类型

在对 eVTOL 航空器起降场进行结构设计时,需要考虑以下载荷要求:

(1) 结构件自身质量,对于高架 eVTOL 航空器起降场还需要考虑底部支撑结构自身质量,按结构自重取值,方向为竖直向下;

(2) 航空器自身质量,按设计机型中最重的最大起飞重量(maximum take-off weight,MTOW)的 1.25~2.5 倍取值,作用面积为单个起落架接触面积,作用点位于 TLOF 区内,方向为竖直向下;

(3) 水平荷载,按 0.6 MTOW 取值,集中荷载,作用点与自重一致,为水平进近方向;

(4) 均布荷载,考虑人员活动和积雪影响,在 FATO 全区域按 $2.0 \, kN/m^2$ 施加均布载荷,方向为竖直向下;

(5) 安全网荷载,对于高架 eVTOL 航空器起降场安装有安全网装置时,需要在安全网安装的边缘施加 $2.0 \, kN/m$ 的线载荷,方向为竖直向下;

(6) 对于高架 eVTOL 航空器起降场还需要考虑风荷载、温度作用、地震的影响,可参照《建筑结构荷载规范》(GB 50009—2012)和《建筑与市政工程抗震通用规范》(GB 55002—2021)的要求。

2. 设计工况

eVTOL 航空器起降场在设计上应考虑以下工况:均布荷载工况、着陆工况(含正常着陆和紧急着陆)和存放工况。

12.7 eVTOL 航空器起降场(点)的专用设施与设备

eVTOL 航空器起降场专用设施与设备主要包含安全设施、目视助降设施、气象设施、导航设施、通信设备、充放电设施、操控指挥室、机库、候机区或堆货区。

1. 安全网

高架 eVTOL 航空器起降场应安装安全网,安全网由网架、网片等结构组成,可以采用固定式安装和可收放式安装。固定式安全网的水平投影宽度不小于 1.5 m,不得超出道面标高。

采用可收放式的安全网时,安全网放倒后水平投影宽度不小于 1.5 m、不得超出道面标高,立起后最高点高出道面不小于 1.2 m、相邻网片之间的间隙不超过 100 mm。可收放式安全网宜采用自动控制,全部网片的收、放时间宜控制在 40 s 以内。除自身及附加设施的荷载外,安全网的任何部位宜具有额外承受 125 kg 荷载的承载能力。安全网的设置应确保落入的人或物不致被弹出安全网或安全架区域,各网架与水平面的夹角宜设为 10°。

2. 系留座

eVTOL 航空器起降场道面表面应设计有系留座,可使用系留索具与 eVTOL 机身系留座连接,用于 eVTOL 在机位处的临时系固。系留座的设计不得影响 eVTOL 正常起降,宜设计为嵌入式安装的方式。

3. 目视助降设施

混凝土道面表面可采用硅溶胶无机涂料、硅酸盐无机涂料或环氧树脂涂料涂绘识别标志。金属板道面可采用环氧类、聚氨酯类涂料涂绘识别标志。eVTOL 航空器起降场应设置识别标志,识别标志应设置在 TLOF 区的中心,应采用白色字母"e"表示。

对于设计机型中包含采用视觉识别定位引导的 eVTOL 时,应在 eVTOL 航空器起降场表面设置视觉识别标志。eVTOL 航空器起降场应设置最大允许质量标志,最大允许质量标志宜位于 TLOF 区内,按能从主要最终进近方向识别进行布置。

最大允许质量标志应由数字及后随的字母"t"组成,用以表明以吨计的设计机型的最大允许起飞重量,其中数字可为整数或带一位小数。最大允许质量标志应采用与背景对比明显的颜色,首选白色。

4. 灯光设施

立式灯具应符合易折性要求,嵌入式灯具的承载力应满足使用要求。

eVTOL 航空器起降场周围可能产生直接或反射眩光的非航空地面灯,应予以熄灭、遮蔽、移位或采取其他措施以保障运行安全。为增加在非夜间(即日间或曙、暮光等)条件时的光强效果,边界指示和泛光照明类灯具宜具备光强调节功能,以保持目视信号的有效性。

障碍物的标志和灯光标示应符合民航标准《民用机场飞行区技术标准》(MH 5001)中对障碍物标志和灯光标示的有关规定。为提高夜间或能见度低时对视觉识别标志的识别能力,可以设置视觉识别发光面板,与视觉识别标志重合布置。

5. 气象设施

气象设施一般由风向标、综合气象仪、雷电预警系统组成,可根据

eVTOL 航空器起降场的实际情况进行配置调整。

eVTOL 航空器起降场至少设置一个风向标,应能明确指示风向,并可大致指示风速。风向标宜采用轻质纺织品制作成截头圆锥形,颜色宜选用橙色与白色或红色与白色,两种颜色构成 5 个等距相间的环带,两端环带为橙色或红色。

6. 综合气象仪

综合气象仪用于对 eVTOL 航空器起降场周边区域的气象信息进行采集,为 eVTOL 的飞行管理和安全起降提供信息支撑。综合气象仪应至少具备对风速、风向、气压、温度、湿度和能见度的数据采集能力,对于离地面高度超过 60 m 的高架 eVTOL 航空器起降场,宜配置激光云高仪设备。各传感器指标要求可参考《民用航空气象 第 5 部分:设备技术要求》(MH/T 4016.5)中的要求。

综合气象仪宜配置外部通信接口,可将气象信息传输至操控指挥室,或直接采用网络通信模块传输至云管理平台。

7. 雷电预警系统

eVTOL 航空器起降场宜安装雷电预警系统,可通过该系统探测 eVTOL 航空器起降场周边空域的电场强度变化,从而对雷电活动进行预测,可为能否开展飞行活动提供参考。

雷电预警系统配置应参考《雷电防护-雷暴预警系统》(GB/T 38121—2023)的建设要求并结合自身需求确定。雷电预警系统宜配置外部通信接口,可将雷电预警信息传输至操控指挥室,或直接采用网络通信模块传输至云管理平台。

8. 通信与导航监视设备

通信设备用于 eVTOL 航空器起降场地服人员与 eVTOL 乘员、飞行指挥人员、运行人员之间的通信和信息备份记录。可结合起降场使用要求,配置专用频段电台设备和网络通信设备。

导航设备用于对 eVTOL 航空器起降场的周边空域进行监视,对 eVTOL 的起降提供导航引导。建议配置一套至少包含 ADS-B 接收设备、实时动态定位(real-time kinematic,RTK)天线、大广角监控相机等导航监视设备。

ADS-B 监视接收设备应满足《1 090 MHz 扩展电文广播式自动相关监视地面站(接收)设备技术要求》(MH/T 4036—2012)的要求。RTK 天线用于辅助引导,大广角监控相机用于道面、天空的图像监视。导航监视设备宜配置外部通信接口,可将导航监视信息传输至操控指挥室,或直接采用网络通信模块传输至云管理平台。

9. 充放电设施

eVTOL 航空器起降场宜配置至少 1 台满足设计机型的充放电设施。

表面 eVTOL 航空器起降场宜采用移动式充放电设施。高架 eVTOL 航空器起降场宜采用固定式充放电设施,固定式充放电设施的安装位置要便于地面人员的操作,并且不影响 eVTOL 航空器的起降。充放电设施应采用独立线缆与楼层主配电柜连接,不得与其他非起降场设施共用,相关输出接口满足所有保障机型的使用要求。充放电设施宜配置外部通信接口,可将设备状态信息传输至操控指挥室,或直接采用网络通信模块传输至云管理平台。

10. 操控指挥室

设备室内宜配置有综合操控台和对时设备,集成有 eVTOL 航空器起降场的设备远程操控及状态显示、综合气象显示、飞行监控管理等控制设备和显控设备,配置有对各设施设备通信数据进行备份和上传云管理平台的设备。

当操控指挥室需作为远程机组满足实时观察时,要确保观察人员可以完整观察到整个垂直起降场道面,能够对起降场周边空域具有良好的目视视角,对无法观察的盲区要使用视频监控进行视角补充。

11. 机库

eVTOL 航空器起降场机库一般可分为存放机库、维修机库,存放机库可兼作维修机库。机库屋面宜采用斜屋面,防止雨水渗漏、防止雪压;机库侧壁应设置有防止雨水浸泡的措施。机库结构应考虑抗风设计,在 9 级风下应能正常使用,12 级风下结构不发生永久破坏的要求。

12. 机库尺寸

机库尺寸内部空间应满足设计机型的存放要求,机库内单机位应有不小于直径 1.1D 的圆形或等于 1.1D 边长的方形区域,若 eVTOL 可结构可收纳,则可按收纳尺寸的 1.1 倍计算;机库面积要视拟停放的 eVTOL 数量来确定。

机库内部净空高应满足在顶部结构距离 eVTOL 最高点不小于 1.0 m。维修机库内若设置有桥式起重机,起重机挂钩底部距离 eVTOL 最高点应不小于 1.0 m。

13. 候机区、堆货区

乘客候机区作为开展载人商业运营的 eVTOL 航空器起降场的乘客集散区，与 eVTOL 航空器起降场起降区之间要做好安全防护，乘客从候机区进入乘机时，要减少对起降区的穿越。在起降区发生紧急情况时，不得对候机区造成影响。

安检设施用于对乘客、行李进行安全检查、识别确认和质量测量，必要时对乘客的血压、心率等生理指标进行测量，确保飞行途中的安全。

堆货区作为开展载物商业运营的 eVTOL 航空器起降场的货物集散区，与 eVTOL 航空器起降场起降区之间要做好安全防护，货物流转路线要减少对起降区的穿越，在起降区发生紧急情况时不得对堆货区造成影响。

14. 消防设备和救援器材

eVTOL 航空器起降场应提供必要的救援和消防设施。表面 eVTOL 航空器起降场宜采用移动式消防设施，高架 eVTOL 航空器起降场宜采用固定式消防设施，高架 eVTOL 航空器起降场固定式消防系统应接入全楼消防报警系统。

消防灭火剂宜同时提供主要灭火剂和辅助灭火剂，主要灭火剂应为水灭火剂，辅助灭火剂应为化学干粉和气态剂。消防灭火剂的覆盖面积至少要包含整个 TLOF 区。

15. 疏散通道

每个 eVTOL 航空器起降场应设置一个主要消防疏散通道和至少一个辅助消防疏散通道，主要消防疏散通道和辅助消防疏散通道的设置应在实际可行的范围内相距尽可能远。

消防疏散通道的宽度应确保人员快速有效地移动，并便于操作消防设备和使用担架。主要消防疏散通道的宽度宜不小于 1.2 m，辅助消防疏散通道的宽度宜不小于 0.8 m。

在高架 eVTOL 航空器起降场中，疏散通道的设置要确保人员能够快速疏散到邻近安全区域内，疏散通道可以采用混凝土或钢结构梯道，不应使用铝合金梯道作为主要消防疏散通道。

16. 救援器材

eVTOL 航空器起降场需配置有灭火器、灭火毯等救援器材，每个机位需要至少配置 2 张灭火毯，灭火毯的尺寸需要满足最大机型的覆盖要求。救援器材宜存放在有明确标记的专用消防器材柜/箱中。

以上内容是对中国机场协会团标：T/CCAATB 000—2024（征求意见稿）的诠释，对筹建起降点有先期指导意义。

第13章
低空经济发展的思考和建议

发展低空经济,"市场是根本、空域是关键、政策是保障、技术是支撑、安全是底线"。瞄准行业发展未来,分析行业痛点,建设低空经济的软硬件基础配套设施十分重要。

低空经济不仅是一种依托低空空域发展的经济形态,还是未来十年的三维立体新交通、智慧城市新基建、数字经济新引擎,更是面向长远未来,以航空器为新一代智能终端,打造工作生活新范式,开拓万亿级蓝海产业的新起点。自古以来,低空空域是一个被忽视和未被充分利用的自然资源,低空空域蕴藏着可以和地面土地相比拟甚至可能远超土地价值的经济资源。发展低空经济,就是将低空空域这一自然资源转化成有价值的经济资源,广泛服务人类社会。

鉴于目前我国低空经济产业发展的态势,充分发挥区位优势和产业优势,在技术和政策创新的基础上,高起点、大力度地推动地方低空经济发展。在"空间保障、产业集聚、场景示范、设施建设"四大领域,在科技研发、产业集聚、应用场景、标准规则、飞行保障等方面走在全球前列。

13.1 加强顶层设计,统筹低空经济发展

加强低空经济发展工作的统一领导,推动解决一批低空经济重大政策、重点事项和重要问题,解决地方低空经济发展的政策新问题,出台推进地方低空经济产业发展行动计划、低空经济专项支持政策;制定市级低空经济产业促进条例,明确准入条款、航线申报、飞行监控、安全管理、技术创新、产业

创新、法律责任等，发布地方性产业法规。

统一领导协调公安、交通、发改、财政、工信、城管、市场监管、国土资源等多部门协调开展工作，有计划、有步骤地推进地方低空经济的综合发展。

13.2 加强低空经济基础理论研究

低空经济作为新质生产力，与传统通用航空、无人机有何不同，与其他经济业态是何关系，其发展规律、产业特征、供求关系等亟待明晰，因此需要进行低空经济基础理论研究，以构建低空经济理论体系。需要综合运用经济学、航空学、信息科学、管理科学等多学科的知识和方法，确定低空经济的定义和范围、分析低空经济的特征和规律、研究低空经济的影响因素、进行低空经济理论假设和实证研究，构建低空经济的理论框架，包括基本概念、基本原理、基本方法等。

低空经济，一端牵着先进制造业，另一端连着数字经济、新型消费等新业态，这不是一般城市所能轻易突破的。没有完善的先进制造业产业体系和一流的创新动能支撑，恐怕难以取得真正突破。

低空经济包含航空器制造、飞行运行、地面保障、综合服务多个领域。过去，空域和航空运输是民航和空军的事权，地方政府介入较少。现在，低空空域交给地方管理，那就是地方的重要资源。如何规划和建设，需要一个专业的机构或公共服务平台来支撑。故建议成立"低空经济技术研究机构"，满足相关企业、民航适航管理部门及区域地方政府对低空经济发展的需要，具体方案建议如下。

在获取中国民航局许可的条件下，开展低空航空器技术与管理标准研究制定、低空飞行器开发关键技术服务、低空飞行器运行支持服务、低空空域航线网络规划，建立空中交通管制数字底座、航空大模型、低空经济产业链人才培训服务、事故调查与失效分析等。服务航空制造企业适航取证，服务地方政府规划和管理低空经济。力争把研究院建成民航局授权的适航委任机构，把地方建成低空航空器研发的高地。

组织编制团体标准，力争上升为地方标准和国家标准，积极抢占低空出行行业和产业领域的话语权，推进全产业链发展。以先进空中交通为代表的低空经济大概分为载人和载物两个应用场景，行业标准的制定大概分为产品标准和运营标准。需要对不同场景、不同产品的标准做好调研、分析和区分,编制可量化、可操作、前瞻性的行业标准。

通过制定科学、全面、客观的低空经济相关指标体系和指数,以实现全面、客观地反映我国低空经济发展全貌,为低空经济发展战略和政策制定提供扎实的决策依据。制定低空经济指标体系的基础是确定低空经济的基本定义和产业范围。国内外关于低空经济的概念和范围界定尚未统一,需要设计编制低空经济的测度方法,包括:低空经济增加值核算,以测算低空经济的整体规模、结构;低空经济相关指标体系和指数构建。

13.3 数字低空创新生态体系和低空基础设施构建扶持

低空经济的核心是低空航空器产品的研发、制造和运营。在地方,建议成立低空经济产业园区。集聚行业的龙头企业,形成产业带动效应,布局相关产业链。围绕电池、动力系统、飞控系统、导航系统、通信系统、机体等核心产业链展开布局,培养一批包括 eVTOL 制造商在内的通航制造和运营企业。设立产业基金,大力扶持早期项目和研发企业,将低空经济企业纳入招商引资、投资促进的重点行业目录,树立鲜明的发展导向,形成产业发展集聚态势。围绕 eVTOL 链主企业,建设 eVTOL 整机智造工厂。鼓励龙头企业、高校院所开展航空材料、电池、飞控、动力、元器件等关键技术的原始创新、本地技术转化及应用,形成完善的低空经济产业链。

新质生产力是由技术革命性突破、生产要素创新性配置、产业深度转型升级而催生的当代先进生产力,它以劳动者、劳动资料、劳动对象及其优化组合的质变为基本内涵,以全要素生产率提升为核心标志。发展新质生产力的核心要素是科技创新,特别是原创性、颠覆性科技创新。低空经济是在数字化、网络化、智能化的背景下,由高频次、异构化、大容量的低空飞行活动引领生成的数字低空生态体系。因此,要紧密跟踪全球前沿技术发展趋势,深入分析竞争格局,突出创新引领,提出针对飞行平台、飞行控制、各类传感器、新型动力系统等核心技术突破的具体策略和实施路径,并加速促进人工智能、大数据、移动互联网等新一代信息技术与产业链的融合,大力加强顶层设计,开展低空经济创新生态体系、关键核心技术及产品研究等。

应深入分析明确关键核心技术和产品的突破点,研究低空经济创新机制与环境建设,将数字低空创新生态体系涉及的数字化、精细化低空空域管理,新型网联化低空起降设施和低空航路网,智能化各类低空飞行器,协同式运营监管服务体系,主动式、智慧化低空安全系统,城市未来交通体系,航空物流与配送体系,航空应急救援系统等纳入国家重大科技专项和重点研发计划中予以支持。组建国家级低空经济科技创新基地、组建高水平研发团队,发挥新型举国体制的优势,发挥国家战略科技力量突出作用,加强前沿技术多路径探索、交叉融合和颠覆性技术源头供给,实现低空经济关键技术和产品的体系化突破与应用。

13.4 加快推进低空航线网络规划,建立安全飞行监管体系

低空经济的飞行活动,涉及国家安全、公共安全和飞行安全。应加大对低空安全发展体系的构建研究,加强新技术在无人机探测与反制中的应用,针对重要目标进行布防,确保国家空防安全和公共安全。加大无人机信息安全的重视程度,确保无人机为信息采集体的网络空间安全。同时,要重构低空飞行的安全协同监管体系,进一步提升安全监管效能,对低空飞行活动采取包容政策,降低敏感度,为低空经济的发展创造更为宽松的空间。

低空飞行要在全区域内进行航线网络规划。制定起降点的标准,布局相关起降点的建设。考虑地铁、公交车站、水运码头和机场,尤其是以上海虹桥国际机场与浦东国际机场的整个网络与外界链接。形成长三角区域飞行航图,融入气象数据和空中交通管制数据,建立低空公共数据底座,参与统一的智能无人体系底层数据体系和开放服务应用平台建设,构建基于城市公共数据底座低空经济的全数字化方案。地方在全国范围内最早建立了公共智慧底座,因此建设低空经济公共数据底座有着丰富的经验。

结合全域禁飞区、限飞区、适飞区、管制空域精细划设支撑多运营人的融合飞行公共航路和飞行航线,制定《地方市民用无人机飞行管理办法(暂行)》,指导运营人开展航线申报。争取空域管理部门逐步释放空域,分层划设低空航路、航线。

低空经济发展的根本推动力是各种各样且不断增长的低空经济应用。

这些低空应用在种类和规模上的不断发展,将不断提升低空经济的体量,不断实现和增加低空空域的价值。而规模化的低空经济又依赖于一套全数字化的低空管理系统,保证空管部门有科学工具和技术手段,有理有据、风险可控地开放和管理空域,保证低空飞行安全有序,保证低空空域的高效利用,保证低空应用的运营成本大幅降低。因此,建立低空公共数据底座非常重要。

13.5 加快推进低空运营示范场景

目前,我国低空多层次飞行相关应用场景开发相对薄弱,传统飞行作业为代表的市场增长缓慢,市场主体开展场景应用仍依赖于财政补贴,市场内在驱动力有限。低空经济的发展关键在市场,应深入研究依托现有的科研和产业优势,探索低空飞行器的多样化应用场景,满足不同行业、不同领域、不同层次的低空飞行需求,不断开发空地融合应用场景;应深入研究低空经济与传统产业之间的关联性和互补性,探索两者协同发展的最佳模式和路径,促进"低空+"各类业态的发展。在城市场景下,深入分析低空经济与智慧城市融合发展的内在逻辑和巨大潜力,探索两者融合的最佳模式和路径,提出具体的策略建议和实施措施。加快城市物流配送、城市立体交通等面向终端消费者的市场的建立,扩大市场认知度和转化率,制定全面的市场推广策略,研究配套的支持政策,加速低空经济新产品的市场渗透,提升低空经济的市场规模。

尽快规划和建设地方起降点,设立低空飞行线路和飞行营地,联动规划、工信、交通、公安、应急及民航等部门有效支持和协作,打通eVTOL研发、测试、取证、应用场景通道,全力推进低空经济运营示范区建设。

研究建设区域无人体系管控调度系统,分类划设低空空域和航线,简化航线审批流程,率先在工业生产、物流配送、应急救援、城市管理及搜救作业等领域开展无人设备产业化应用。推动电动垂直起降飞行器和智能网联汽车紧密连接,构建与技术发展适配的安全标准及管理规则,实现无人体系产业协同发展和技术跨界融合。

拓展城市公共治理场景。建设面向政务服务的"一网统飞"系统,按市场化模式提供无人机公共治理服务。鼓励各相关部门通过政府购买服务方式,加大无人机在交通管理、应急救援、城市消防、城市治安、血液运输、国土测绘、水务监测、电力巡线、环境监测等领域的应用。

以地方为中心建立辐射东南西北的空中走廊,推进地方与周边运输机场的联程接驳。

13.6 加强低空适航标准体系建设

随着低空经济的迅猛发展,各类新技术、新产品、新应用层出不穷,应适时建立国家标准、行业标准、团体标准、企业标准等完善的标准体系,以确保健康有序地发展。应深入研究低空经济标准体系的核心框架,提出低空经济各业态的重点标准,有序对接现有通用航空、无人机管理等标准,制定具体的标准制定、实施和推广策略,特别是加紧制定低空经济相关新型基础设施的技术标准,确保标准的科学性、前瞻性和实用性,为低空经济的发展提供坚实支撑。

为把地方建设成为低空航空器的研发制造高地,适航取证的腹地,运行示范基地。大力引进无人机系统质量安全检验检测试验认定机构——中国合格评定国家认可委员会(China National Accreditation Service for Conformity Assessment,CNAS)、CMA(China Inspection Body and Laboratory Mandatory Approval)机构,支持eVTOL、无人机本地化质量检验检测及适航认证。

适航证是民用航空器具有适航性的证明。根据现有法律法规,低空飞行器中的有人机、最大起飞重量为25 kg及以上的中大型无人航空器均需取得适航证。由于低空经济发展中涉及的飞行器种类多、数量大,现有主要应对传统通用航空和运输航空的适航体系难以支撑庞大的无人机评估、认证和取证需求,已不能适应低空经济大规模发展的需要。因此,要对低空经济适航体系建设进行系统的研究,从适航标准、审定模式、审定技术、机构布局、审定队伍等方面进行体系化的规划和建设,依托行业政策,科学配置外部测试资源,开展市场化第三方无人机检验检测,以建立符合低空经济发展的适航审定能力和体系。

建立低空经济测试验证、试验试飞基地非常重要。目前,全国有26个通航产业综合示范区和20个无人机试验区,民航局已规划将推动打造若干个低空经济发展示范区。需要研究新形势下低空经济相关园区和孵化机构的功能定位、基础设施、孵化能力、运营模式,优化建设布局,确保有助于低空经济相关产业的发展。

13.7 建立低空经济综合保障体系

建立航空货物卸载,运输、贸易与金融服务体系。重点发展无人机和通用航空器、发动机及航材备件等航空贸易,为相关交易和运营提供保险、融资、租赁和资产管理等服务。建立相关航空器维修服务。扶持和发展通用航空器整机、发动机、三电系统和主要部附件的维修业务,建设地区航空器维修基地,为本地区通航企业提供机务维修保障服务。

金融资本是低空经济发展的关键支持力量,高效的投融资机制已成为保障产业发展资金需求的关键,建立有效的对接机制对于促进产业与金融的深度融合至关重要。应进一步深入分析低空经济与金融资本的需求和供给特点,探索两者对接的最佳机制和模式创新。提出具体的实施方案和政策建议,包括拓宽融资渠道、优化投资环境、加强风险防控等方面,以实现低空经济与金融资本的高效对接和共赢发展。

13.8 加强政策引导,建立低空经济人才高地

高素质人才队伍是新质生产力得以发展的要素,是支撑低空经济持续创新发展的关键资源。目前,适航审定人员、中大型无人机的操作维修人员非常缺乏,低空经济的大发展迫切需要复合型领军人才、专业型创新人才、技术型技能人才。应深入分析低空经济的人才需求特点和发展趋势,研究制定人才培养和引进的体制机制创新策略,提出具体的政策措施和操作建议,为产业人才培养和引进提供有力支持。加大对飞行技术、低空航路规划与空中交通管制、智能飞行器技术、适航审定人员、中大型无人机的操作维修人员等各类与低空经济发展密切相关专业的人才培养力度。

(1) 组建专家团队,加大低空经济研究。集聚一批专家、科研院所、产业链上下游企业等资源,组建地方市低空经济专家委员会、产业联盟、行业协会等。

（2）参与制定并推动实施海陆空全空间无人体系技术标准,研究制定无人系统接入城市建筑物的技术规范。探索空地一体化城市交通管理办法,打造高效包容的市场准入环境。

（3）发展低空经济的最大难点就是人才缺乏。聚集高层次创新人才,实施战略科技人才引领计划,加大招才引智力度,引进一批重大科技创新团队,构建高水平多层次人才梯队体系。深化校地融合创新发展,深化产学研合作。

（4）建立吸引和集聚世界优秀人才的体制机制,吸引全球高层次人才牵头负责科技创新项目。优化领军人才项目团队整体引进和配套服务机制,提升团队成员引进审批和停居留的便利性,实施人才梯队、科研条件、管理机制等配套服务政策。支持领军企业根据国家规定设立院士专家工作站;完善以知识价值为导向的收入分配政策,健全体现知识、技术等创新要素价值的收益分配机制;健全人力资源综合服务体系;加强人才住房保障,统筹使用土地指标,优化房源供给机制。

13.9 加强军民融合,培育公众航空意识

低空经济的相关业态,如制造业、飞行业、基础设施、综合保障等先天具有跨军地、军民一体,跨全程、平战一体,跨领域、供需一体,跨业务、融合一体的特点,在巩固提高一体化国家战略体系和能力方面可以发挥更多的潜在优势。应加强低空领域一体化国家战略体系和能力建设的顶层设计,加强军地战略规划统筹、政策制度衔接、资源要素共享,在低空空域管理、低空基础设施建设、低空装备制造、低空运营业态、低空科技创新、低空信息资源共享、低空人才培养等重点领域、新兴领域协调推进,在低空空域资源一体化配置和管理、低空基础设施一体化布局和建设、低空技术创新体系一体化培育和构造、低空专业人才队伍一体化培养和运用、低空一体化融合示范工程建设和运营、低空资本投入一体化设计与保障等方面为巩固提高一体化国家战略体系和能力作出贡献,促进新质生产力与新质战斗力的深度融合。

（1）搭建行业展览展示平台。推动成立地方低空经济产业协会,积极举办行业峰会、产业链对接会、新品发布、高峰论坛及专业展会等活动,为企业创新产品、核心技术展示提供平台,打造行业峰会品牌和航展品牌,提升地

方低空经济产业影响力。

（2）发布行业发展报告。加强对低空经济产业的跟踪研究，完善行业统计监测，编制并发布行业发展报告，加大对地方低空经济产业的宣传力度。

（3）加强低空经济科普宣传。借鉴 EASA 开展《欧洲城市空中交通社会接受度研究》的经验，开展低空经济产业科普教育，引导大众科学理解、认识和接受低空经济产业，激发潜在的市场需求。

参考文献

[1] 杨思睿.eVTOL跨越地与天的界限.(2023-08-29)[2024-02-15]. https://pdf.dfcfw.com/pdf/H301_AP202308291596601217_1.pdf.

[2] 于一.低空经济的概念特点辨析.(2024-04-15)[2024-05-15]. https://mp.weixin.qq.com/s/8uHQnKhrheyjDTMbHVqEdQ.

[3] 中国航空学会.从麦肯锡发布航空融资数据看"人类未来空中交通"新时代.(2022-07-26)[2024-02-15].https://m.thepaper.cn/baijiahao_19191135.

[4] 国际运输协会(IATA).Annual Review 2024.(2024-06-17)[2024-07-15].https://www.iata.org/contentassets/c81222d96c9a4e0bb4ff6ced0126f0bb/iata-annual-review-2024.pdf.

[5] 中国民用航空局.民航局发布《2018年民航行业发展统计公报》.(2019-05-08)[2024-02-15].https://www.caac.gov.cn/XWZX/MHYW/201905/t20190510_196106.html.

[6] 国家低空经济融合创新研究中心.中国低空经济发展(2022-2023).(2024-03-27)[2024-05-15].https://mp.weixin.qq.com/s/nt8EolgkdS0NUUHaOgTZHQ.

[7] 高帆."新质生产力"的提出逻辑、多维内涵及时代意义.政治经济学评论,2023,6.

[8] 中航通信息研究所.低空经济——新质生产力的典型代表.(2024-07-25)[2024-08-15].https://mp.weixin.qq.com/s/ZNlYCSwf9yJRMj3xKVxxLQ.

[9] 中国产业集群研究院.2022~2027中国城市空中交通行业发展趋势报告及投资咨询报告(编号1834700).北京:中国产业集群研究院,2022.

[10] 国家低空经济融合创新研究中心.中国低空经济发展(2022—2023).

2023.

[11] 新华网.飞阅中国　论道低空经济｜王惠铮：低空经济半年来发展态势分析与近期展望.(2024-07-04)[2024-08-20].http://www.news.cn/info/20240704/37f66d4963d349258c68179d89cce8fc/c.html.

[12] 鲍金玲.2022年中国城市空中交通(UAM)短报告：发展前景分析.(2022-04-15)[2024-02-15].https://data.eastmoney.com/report/zw_industry.jshtml?encodeUrl=mmD7f5NqJBTBwSg71cJspZcO0y5icAkWt0ftniD9AJs=.

[13] 史晨星.eVTOL飞行汽车全面分.(2022-12-16)[2024-02-15].https://baijiahao.baidu.com/s?id=1752374409989784983&wfr=spider&for=pc.

[14] 刘商隐,李治,李子威,等.解读下一个风口：电动飞机将成为低碳航空的关键.(2021-10-25)[2024-02-15].https://mp.weixin.qq.com/s/cfKdj7nvtkNHz3S8ahJNGA.

[15] 史晨星.eVTOL飞行汽车全面分析.(2022-12-16)[2024-02-15].https://baijiahao.baidu.com/s?id=1752374409989784983&wfr=spider&for=pc.

[16] 胡金硕.城市空中交通系列研究：基于构型特征的eVTOL总体分析.(2024-04-12)[2024-05-15].https://mp.weixin.qq.com/s/U3W6XVQD2bci48A92HVYLQ.

[17] 招商证券.重视低空经济的混动技术方案.(2024-05-13)[2024-06-15].https://baijiahao.baidu.com/s?id=1798895400561147990&wfr=spider&for=pc.

[18] 张洪.eVTOL飞行器的发展态势与应用场景综述.(2023-03-15)[2024-02-15].https://att.caacnews.com.cn/zsfw/202303/t20230315_60768.html.

[19] 广州市人民政府.广州市人民政府办公厅关于印发广州市推动低空经济高质量发展若干措施的通知.(2024-07-19)[2024-08-15].https://www.gd.gov.cn/gdywdt/zwzt/dkjj/zcwj/content/post_4457687.html.

[20] 沃兰特航空有限责任公司.南航通航与沃兰特联合发布《客运eVTOL应用与市场白皮书》.(2024-03-23)[2024-06-15].https://

baijiahao. baidu. com/s? id = 1803447852865777484&wfr = spider&for = pc.

[21] 陈楚仪. 城市空中交通粤港澳大湾区的机遇在哪. (2022 - 04 - 24)[2024 - 02 - 15]. https://baijiahao. baidu. com/s?id = 1730967741363164752&wfr = spider&for = pc.

[22] 吴志明. 新型"空天飞机"发展的成都战略. 成都科技决策参考,2018,13.

[23] The Vertical Flight Society. eVTOL Aircraft Directory. [2024 - 06 - 15]. https://www. evtol. news/aircraft.

[24] Joby Aviation. [2024 - 06 - 15]. https://www. jobyaviation. com.

[25] 刘中玉. 中金公司研究报告《eVTOL:低空经济蓄势待发,行业迎来发展临界点》. (2024 - 01 - 02)[2024 - 02 - 15]. https://baijiahao. baidu. com/s?id=1786947089056841267&wfr = spider&for = pc.

[26] 通航圈. 中国民航局正式受理2家无人驾驶载人eVTOL运营企业的运营合格证OC申请. (2024 - 07 - 23)[2024 - 08 - 15]. https://mp. weixin. qq. com/s/DEmQfEIRBToJ6QiO1kFGdA.

[27] E通航. 航空飞行营地整套资料汇总. (2024 - 07 - 24)[2024 - 08 - 15]. https://mp. weixin. qq. com/s/iDk6wJDguW_7-XYbkYlcvA.

[28] 温新寿. 通用航空新型商业模式探研. (2017 - 04 - 17)[2024 - 02 - 15]. https://mp. weixin. qq. com/s/EM6O7j7-k5AIZ7LEs50W5Q.

[29] 亿航. [2024 - 06 - 15]. https://www. ehang. com/cn.

[30] 适航思维. 城市空中交通,万亿蛋糕? (2022 - 09 - 16)[2024 - 02 - 15]. https://mp. weixin. qq. com/s/Flvt5Ob5QwGQSolCbeoKaA.

[31] EASA. [2024 - 06 - 15]. https://www. easa. europa. eu/en.

[32] 王运盛. eVTOL飞机级安全性减缓措施和效果分析. 民用飞机设计与研究,2024(1):114 - 120.

[33] 吕人力. 中美欧空域管理效率比较研究报告. (2020 - 03 - 09)[2024 - 02 - 15]. https://www. xuefeiji. org/cms/show-66. html.

[34] 中国民用航空局. 关于发布《国家空域基础分类方法》的通知. (2023 - 12 - 21)[2024 - 02 - 15]. caac. gov. cn.

[35] 张军. 现代空中交通管理. 北京:北京航空航天大学出版社,2005.

[36] 孙天. 发展低空经济,要处理好这三个关系. (2024 - 07 - 14)[2024 -

08-15]. https://mp.weixin.qq.com/s/G6RlKSrxrmIMN8DEne312Q.

[37] 中国民用航空局.关于发布《国家空域基础分类方法》的通知.(2024-01-01)[2024-02-15]. https://www.caac.gov.cn/so/s?qt=%E7%A9%BA%E5%9F%9F%E5%9F%BA%E7%A1%80%E5%88%86%E7%B1%BB&siteCode=bm70000001&tab=all&toolsStatus=1》.

[38] 张洪海,冯讴歌,李姗,等.城市低空无人机航路航线划设研究.(2023-11-23)[2024-02-15]. https://www.ccaonline.cn/.

[39] 民生证券.eVTOL产业发展的5个核心问题.(2024-07-23)[2024-08-15]. https://mp.weixin.qq.com/s/NbdRkbhtOLcgLlBRvbNrsA.

[40] 开山.低空经济"大脑"——空管系统发展趋势.(2024-07-24)[2024-08-15]. https://mp.weixin.qq.com/s/iDWW5Pgl5m_JFtzYp6QguA.

[41] 杨泽原.中信证券研究报告《空管系统：低空经济发展,空管系统先行》.(2024-06-20)[2024-07-15]. https://mp.weixin.qq.com/s/YrAm8PiM8c0RrqVi-Gxlqw?poc_token=HASBB2ejoqk7f3U5KTvLu4ME7pi1MuFQVO7EccCJ.

[42] 中国民用机场协会.电动垂直起降航空器(eVTOL)起降场建设技术要求(讨论稿)(T/CCAATB 000—2024).北京：中国民用机场协会,2024.